SDGsを実現する 2030年の仕事 未来図

3巻 地球環境を守る仕事

著 SDGsを実現する2030年の
仕事未来図編集委員会

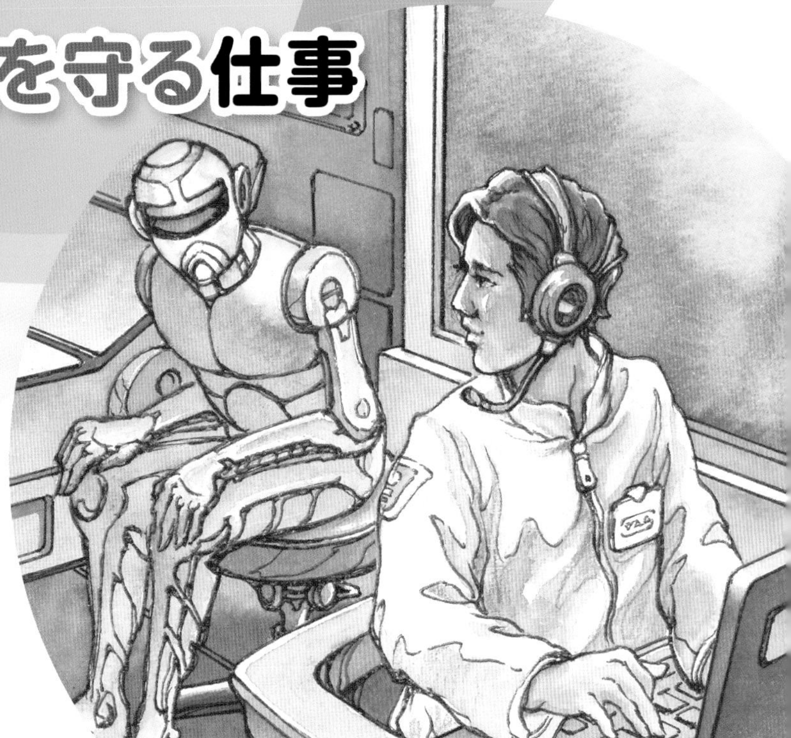

あなたへのメッセージ

あなたは、未来の自分がどんな仕事についているか、想像《そうぞう》してみたことはありますか。未来の自分に思いをめぐらせること、社会のなかで活躍《かつやく》する自分を想像することは、10年後20年後の自分と社会のかかわりを考えてみることにつながります。あなたが子どもから大人に近づきつつある証拠《しょうこ》です。

あなたは、どんな仕事に就《つ》きたいと思っていますか？　具体的な職業《しょくぎょう》はわからなくても、自分に合った仕事をしたい、自分を生かせる道に進めたらよいと考えていることでしょう。そして多くの人が、人によろこばれる仕事に就きたいと思っているようです。

「仕事未来図」シリーズは、自分たちがくらす社会をよりよくしていきたいと考え、新しい仕事に挑戦《ちょうせん》している多くの人と仕事を紹《しょう》介《かい》しています。「だれ一人取り残さない社会」をつくるための仕事として、「SDGs《エス・ディー・ジーズ》（持続可能《かのう》な開発目標）」の17のゴールに合わせて分類しています。

あなたの興味《きょうみ》や関心をひくような仕事があるでしょうか。この本が、あなたが自分の未来の仕事を想像するときのヒントになってくれたらうれしいです。

執筆者《しっぴつしゃ》一同

この本の構成《こうせい》

1章 先進的な仕事をしている人々《ひとびと》

現在《げんざい》、日本や世界で未来につながる仕事をしている人々《ひとびと》や会社などを取り上げました。この巻《かん》ではSDGsのゴール12から15にかかわる、「地球環境《ちきゅうかんきょう》を守る」ための先進的な仕事をしている人々が登場します。また、人物漫画《まんが》では、過去《かこ》に大事な仕事をした人を紹介《しょうかい》しました。

SDGsのゴールから未来の仕事を考えてみよう

SDGsのゴール12から15までの目標をイラストで表現《ひょうげん》しました。よりよい社会をつくるための仕事を考えてみましょう。

2章 未来仕事図鑑《ずかん》

未来に向かってさらに発展《はってん》した仕事、現《あらわ》れるかもしれない仕事や新しい技術《ぎじゅつ》を考えて、「想像図《そうぞうず》」を描《えが》いてみました。この本を読みながら、10年後やさらに未来に、どのような仕事や技術が現れてくるのか考えると楽しいですよ。

【資料《しりょう》】SDGs（持続可能《かのう》な開発目標）

SDGsのゴール12から15までの内容《ないよう》と主なターゲット（小目標）の解説《かいせつ》です。

1章　先進的な仕事をしている人々《ひとびと》

もくじ

2章　未来仕事図鑑《ずかん》

アプリ開発 ごみ問題を解決《かいけつ》できたらカッコイイ

──ごみひろい、ごみ調査《ちょうさ》のアプリを開発

1987年富山県生まれの小嶌不二夫《こじまふじお》さん。小学2年生のとき、図書館にあった「地球の環境《かんきょう》問題シリーズ」を読んで、「すごく大きくて深刻《しんこく》な環境問題を解決《かいけつ》できたらカッコイイし、面白いだろう」と思ったそうです。小嶌さんは、環境問題解決を研究するために大学院まで進みました。そして大学院の在学中、3カ月くらいかけて世界一周の旅に出ました。

小嶌さんは世界一周の旅の中で、どんな街でも、どんなに自然豊《ゆた》かなところでも、人間が足を踏《ふ》み入《い》れた場所にはごみが落ちているのを目にしました。ポイすてごみの問題はどんなところにもあると知った小嶌さんは、「もしも解決方法をみつけられたなら、世界中で使われるはずだ」と考え、帰国後はごみ問題の解決を目指すことにしました。

Pirika

アプリ「ピリカ」のロゴマークは「エトピリカ」という鳥。アイヌ語で「ピリカ」は「美しい」、「エト」は「くちばし」という意味だよ。

サービスが始まった当初は「だれが使うの?」と笑われることもあったそうですが、今では世界111カ国に「ピリカ」が広がっていますよ。

アプリ開発でごみを減《へ》らす会社

小嶌《こじま》さんが2011年に立ち上げた株式会社《かぶしきがいしゃ》ピリカは、「科学技術《ぎじゅつ》の力であらゆる環境《かんきょう》問題を克服《こくふく》する」ことを目指しています。環境問題の中でも、今はごみを減《へ》らすための仕事をしています。

まず最初に、ごみをひろってもらうためのスマートフォン用のアプリ「ピリカ」を発表しました。世界111カ国、100万人が利用し、ごみひろい数は約2億850万個《こ》(2021年11月現在《げんざい》)(➡P.7)。

次につくったのは、ポイすてごみの調査《ちょうさ》が簡単《かんたん》にできる方法で、専用《せんよう》の「タカノメ」というシステムです。これは道路を歩きながらスマホで撮影《さつえい》した画像《がぞう》からごみの種類や数を分析《ぶんせき》できるものです(➡P.8)。

その次に取り組んだのは川の中のマイクロプラスチックの種類や量を調査するしくみで、「アルバトロス」という装置《そうち》を開発しました。海に流れだす前に、マイクロプラスチックを食い止めるのが目的です(➡P.9)。

ごみひろいアプリをつくったわけは

人間は毎日たくさんのごみを出します。ほうっておくとすぐにごみだらけになってしまうので、各自治体が「可燃《かねん》ごみ」「不燃《ふねん》ごみ」「プラごみ」「ビン」「缶《かん》」など分類して回収《かいしゅう》し、焼却場《しょうきゃくじょう》で燃《も》やしたり、ごみ処理場《しょりじょう》で埋《う》め立《た》てたり、リサイクルしたりしています。でも、ポイすてされたごみは、この収集《しゅうしゅう》・処理《しょり》のしくみには入っていません。

小嶌《こじま》さんは、「ごみ回収マシンをつくるより安くて効率的《こうりつてき》な方法は、人間が1つでも多くのごみをひろうことだ」と考え、ごみひろいSNS「ピリカ」を開発しました。そして同じ名前の会社をつくり、「ピリカ」を公開してSNSのサービスを始めました。個人《こじん》はもちろん、企業《きぎょう》や団体《だんたい》、自治体にも多く利用されてきており、その数は1500以上。個人向けは無料ですが、企業や自治体向けのサービス利用料が会社の大きな収入源《しゅうにゅうげん》になっています。

一人一人のごみひろいがSNSでつながる

小嶌《こじま》さんが始めたSNSのサービスは、道路上のごみひろいを参加者同士《どうし》で共有するというものです。「ピリカ」をダウンロードした人が、ひろったごみの写真を撮《と》って投稿《とうこう》するとリアルタイムで地図にマークが表示《ひょうじ》され、その投稿を見た人から「ありがとう」などのメッセージが届《とど》きます。そして、画面には回収《かいしゅう》されたごみの数が表示されます。ひろったごみは近くのごみ箱にすてます。

小嶌さんは世界を旅しているとき、スマホの位置情報《じょうほう》をオンにしたまま写真を撮ると、地図にピンが表示されるのがうれしく、地図上のピンを増《ふ》やしたくて行く先々《さきざき》で写真を撮っていたそうです。そんな経験《けいけん》もこのアイディアの元になりました。

世界中の人が、ごみひろいでつながっている

「ピリカ」を使っている人たちは、ひろったごみを投稿《とうこう》することでメッセージをもらったり、他の人の投稿を見てメッセージを送ったり、世界中の仲間とつながっています。ひろったごみが集計されると達成感もあります。

「自分がひろったごみが地図上に表示されて数えられたことが確認《かくにん》できる、ＳＮＳで仲間ができる、みんなでがんばったごみひろいの成果が記録される」。このようなしくみをつくったことで、小嶌《こじま》さんは、人間にごみをひろってもらうというアイディアを実現《じつげん》しました。

ポイすてごみをひろうことが、海を守ることにもつながる

「ピリカ」を使った人はのべ100万人、111の国や地域《ちいき》で利用されていて、これまでに2億850万個《こ》以上のごみがひろわれています。

ごみをひろうことは、陸地の道路などがきれいになるだけではありません。すてられたごみをそのままにしておくと、風で飛ばされて川に落ちると海に運ばれる場合もあります。陸地のごみをひろうことは海を守ることにもつながります。

（写真提供:株式会社ピリカ）

アプリ「ピリカ」を使ってごみひろい

◀アプリ「ピリカ」を自分のスマートフォンにダウンロードします。

▲ポイすてされているごみをひろいます。

▲▼ポイすてされたごみをスマホのカメラで撮影《さつえい》して投稿《とうこう》します。

◀写真は「ピリカ」を使っている世界中のユーザーと共有され、メッセージの交換《こうかん》もできます。

次はごみの種類や数を調査《ちょうさ》するサービスをつくろう

「ピリカ」で、ごみひろいでつながるSNSを生み出した小嶌《こじま》さんの会社は、次に、どこでどんなごみがどれくらいポイすてされているのかを調《ちょう》査《さ》するシステム「タカノメ」を開発しました。

ごみの種類や数を調べるサービス

まず、調べたい道を歩きながらスマホで動画を撮影《さつえい》します。そして、「タカノメ」を使って映像《えいぞう》に写っているごみの種類、数を読み取り、そのデータをもとに地図上でポイすてごみの状態《じょうたい》を見えるようにしました。このサービスは、ポイすてを減《へ》らしたいと考えている市町村などの自治体が利用しています。

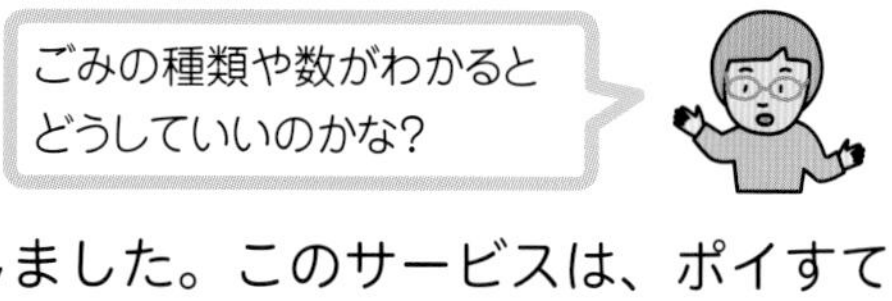

ごみの種類や多い場所が数値《すうち》で示《しめ》されれば、喫《きつ》煙所《えんしょ》やごみ箱を設置《せっち》したり、ポイすて禁止《きんし》のポスターなどの対策《たいさく》を取る場所や方法を考える役に立ちます。また、対策をしたあとも調査《ちょうさ》すれば、対策の効果《こうか》がどれくらいあったのかも数値で把握《はあく》することができます。

「タカノメ」調査《ちょうさ》のしかた

タカノメ

❶ まず、市町村などの自治体と相談して、調査《ちょうさ》する範《はん》囲《い》や回数を決めます。

❷ 調査《ちょうさ》する道が決まったら、スマホで歩道を歩きながら動画を撮影《さつえい》します。撮影《さつえい》はピリカが開発した専用《せんよう》のアプリ「タカノメ」で行います。

❸ 動画に写ったごみを読み取ります。ピリカが開発したシステムで画像上《がぞうじょう》のごみを検《けん》出《しゅつ》して、種類や数を読み取ります。

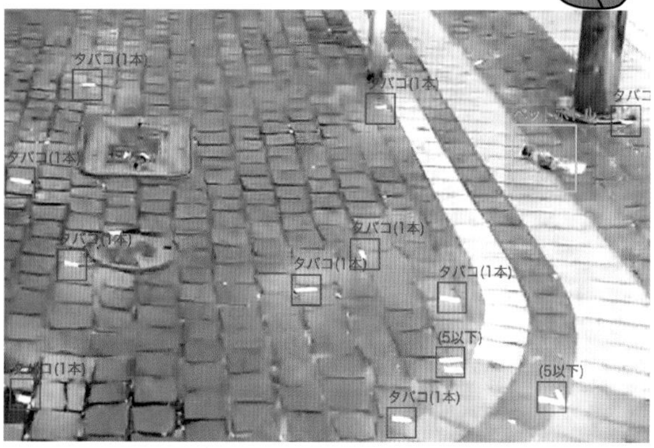

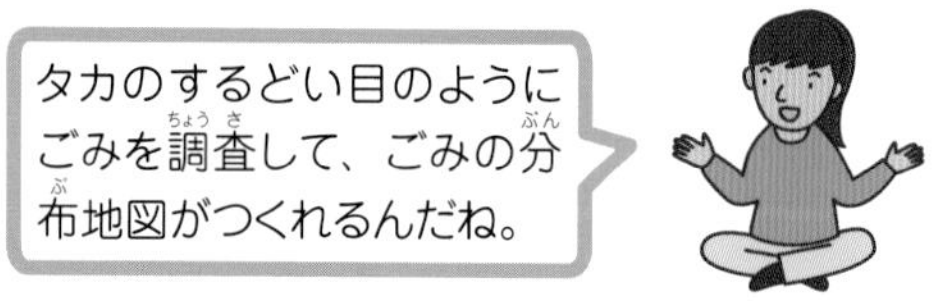

❹ 画像解析《がぞうかいせき》を人間の目でチェックします。コンピュータによる解析と動画を見比《みくら》べて、間違《まちが》いがないか確認《かくにん》、修正《しゅうせい》します。「ごみすて場に正しくすてられたごみ」と「ポイすてされたごみ」など、システムでは判別《はんべつ》できないことがあるからです。

❺ 画像解析《がぞうかいせき》の結果はヒートマップという手法で、地図上で表します。落ちていたごみの種類や数、分析《ぶんせき》結果も報告《ほうこく》します。また、結果に対して効果的《こうかてき》な対策《たいさく》の提《てい》案《あん》を行うこともあります。

▲地図上にごみの多いところが示《しめ》されます。この調査《ちょうさ》では「タバコのみ」「タバコ以外」「全てのごみ」といった種類の分類、ごみの個数《こすう》がわかるようになっています。

海や川を汚染《おせん》するマイクロプラスチックの正体をさぐろう

　次に、株式会社《かぶしきがいしゃ》ピリカは、河川《かせん》のマイクロプラスチックの量を測定《そくてい》する装置《そうち》「アルバトロス」をつくって、調査《ちょうさ》する方法を開発しました。

　マイクロプラスチックとは、小さなかけらとなったプラスチックのことで、主に５㎜以下のものを指します。マイクロプラスチックを海の生きものが食べて、それを海鳥などが食べています。また水産物を食べる人間も含《ふく》めて、マイクロプラスチックが吸着《きゅうちゃく》した汚染物質《おせんぶっしつ》や、原料に含まれる環境《かんきょう》ホルモンの影響《えいきょう》も心配されています。

マイクロプラスチック調査装置《ちょうさそうち》を作成

　マイクロプラスチックはプラスチックが自然界で小さくなったものです。でも、元のプラスチック製品《せいひん》はどんなものが多いのか、どのような経路《けいろ》で海に流出しているのかは、まだあまりわかっていません。

　これまでは、マイクロプラスチックの調査《ちょうさ》は船を使うことが多く、費用《ひよう》が高いことや、船が入れない狭《せま》い場所の調査ができないことが課題でした。

　「アルバトロス」は、一人で持ち運びできる大きさで、前から水を取り入れて、後ろの網《あみ》でごみを集めます。安くつくるために、できるだけ既成《きせい》の製品を利用してつくられています。船を使わないため、調査費用《ひよう》も安くすることができました。

これまでに元の製品《せいひん》がわかったマイクロプラスチック

　これまでに「アルバトロス」で行った日本各地の調査《ちょうさ》では、マイクロプラスチックとして、人工《じんこう》芝《しば》の破片《はへん》と、田んぼ用の肥料《ひりょう》の膜《まく》が多いことがわかりました。

　元の製品《せいひん》がわかれば、流出しないような工夫をしたり、その製品を使わない方法を考えるなどの対策《たいさく》を取ることができます。実際《じっさい》に人工芝や田んぼ用肥料について、対策に向けた取り組みが始まっています。

「アルバトロス」調査《ちょうさ》の流れ

ALBATROSS

❶　調査《ちょうさ》する場所や方法、回数などを、調査の目的と予算にあわせて決めていきます。その地域《ちいき》のマイクロプラスチックの量を知りたいのか、マイクロプラスチックの元となるプラスチックの川や海への流出対策《たいさく》を取るためのデータが必要なのか、すでに行っている対策が有効《ゆうこう》かどうかを確《たし》かめたいのかなど、目的に適《てき》した調査方法を考えます。

▲水中のごみを採集するアルバトロス。

❷　マイクロプラスチックを採取《さいしゅ》します。どこから流れてきているのかを推測《すいそく》できるようなポイントを複数《ふくすう》選んで、調査《ちょうさ》します。

❸　ごみの中からプラスチックを取り出します。

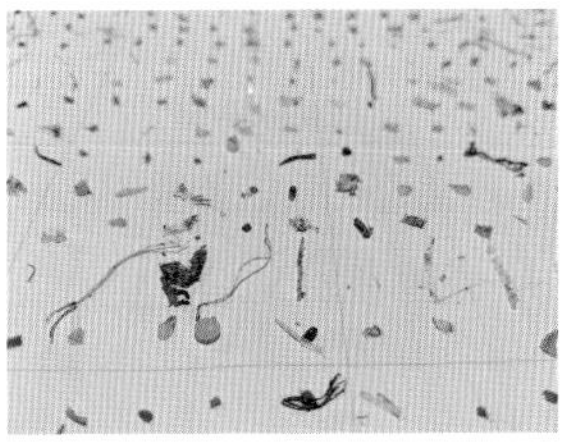

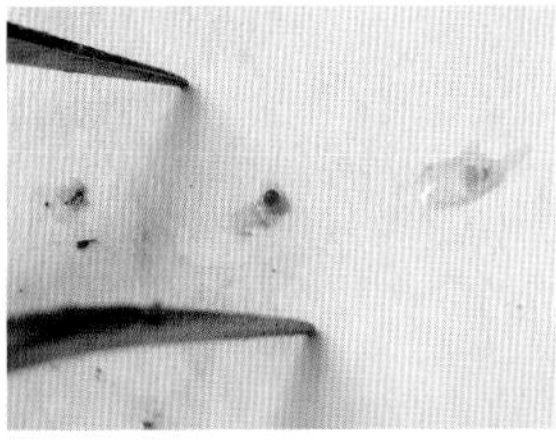

❹　装置《そうち》を使って、マイクロプラスチックの成分を分析《ぶんせき》し、大きさや形、色などから元の製品《せいひん》を推測《すいそく》します。さらに、調査《ちょうさ》のデータから、主にどこから流れ出ているのかも分析します。

▶小型《こがた》軽量の「アルバトロス」を持つ小嶌《こじま》さん。

（写真提供:株式会社ピリカ）

放射線研究者 放射線《ほうしゃせん》を測《はか》り、廃炉《はいろ》への第一歩を

──原子力発電所廃炉《はいろ》のための技術者《ぎじゅつしゃ》を

▲セシウムを測《はか》る検出器《けんしゅつき》の前で（2015年 2月）

*原子力発電所（略《りゃく》して原発）とは、原子炉《げんしろ》の中で核燃料《かくねんりょう》を核分裂《かくぶんれつ》させて、発生した熱で水を水蒸気《すいじょうき》にし、その水蒸気でタービンを回して発電する施設《しせつ》です。

2011年3月に東京電力福島第一原子力発電所の事故《じこ》が発生し、陸地と海に放射性物質《ほうしゃせいぶっしつ》が飛び散ってしまいました。地上に降《ふ》った放射性物質を取《と》り除《のぞ》く「除染《じょせん》」が進められてきましたが、2021年現在《げんざい》、まだ人が住めない地域《ちいき》があります。さらに、原子炉《げんしろ》の中には片《かた》づけなければならない放射性物質が大量に残されたままです。

東京大学大学院で放射線《ほうしゃせん》を測《はか》る研究をしている小豆川勝《しょうずがわかつ》見《み》さんは、原発事故の後、少しでも早く環境《かんきょう》を元通りにするために、汚染《おせん》された量や範囲《はんい》をくわしく調べて、より正《せい》確《かく》に、より早く汚染の現場《げんば》の様子を調べる方法を研究しています。それとともに、調べた結果や放射性物質について一般《いっぱん》の人に向けて積極的に伝える活動をしています。

福島第一原発事故《じこ》と放射性物質《ほうしゃせいぶっしつ》

福島第一原発事故《じこ》は2011年3月から続く世界最大級の核災害《かくさいがい》の一つです。本来は厳重《げんじゅう》に管理されていなければならない放射性物質《ほうしゃせいぶっしつ》が、事故によって大気中と海に飛び散ってしまいました。飛び散った放射性物質の量は、1986年に起きた史《し》上《じょう》最悪と言われるチェルノブイリ原子力発電所事故よりは少ないものの、原子炉《げんしろ》の中に取り残されている放射性物質は、圧倒的《あっとうてき》にたくさんあります。

福島第一原発の原子炉からは、今も放射性物質を含《ふく》む水が排出《はいしゅつ》され続けています。また、適切《てきせつ》な管理ができなくなれば、再《ふたた》び放射性物質が空気中に漏《も》れる危険性《きけんせい》もあります。新たな災害が起きる前に、少しでも早くすべての放射性物質を取《と》り除《のぞ》かなければいけません。

▲手前は除染《じょせん》で取《と》り除《のぞ》いた土などが保管《ほかん》されている中間貯蔵《ちょぞう》施設《しせつ》。左奥《ひだりおく》に福島第一原子力発電所が見えます。

▲地下水に放射性物質《ほうしゃせいぶっしつ》が含《ふく》まれているか調べるために原発から 3㎞地点の地下水を採取《さいしゅ》しているところ。（2020 年 3 月）

▲福島第一原発のある福島県双葉《ふたば》町にあった看板《かんばん》。2016 年に取り外されました。原子力の安全を信じた過去《かこ》の教訓を忘《わす》れないために、現在《げんざい》は「東日本大震災《ひがしにほんだいしんさい》・原子力災害伝承館《さいがいでんしょうかん》」で展示《てんじ》されています。

「原子炉《げんしろ》は絶対《ぜったい》に壊《こわ》れない」と思っていた小豆川《しょうずがわ》さん

小豆川《しょうずがわ》さんは放射線《ほうしゃせん》の研究者として、研究用の原子炉《げんしろ》で様々《さまざま》な実験をしてきました。福島第一原発事故《じこ》が起きる前は、「原子炉は絶対《ぜったい》に壊《こわ》れることはない」と信じていたといいます。その考えが間違《まちが》いであったことに気づいた小豆川さんは、事故の後、原発の周辺に通って、原発から放出された放射性物質《ほうしゃせいぶっしつ》の測定《そくてい》を続けています。

「土や水、食品の中に含《ふく》まれる放射性物質は、目に見えないくらいわずかな量ですから、感覚でも分かるように、汚染《おせん》の様子を音や映像《えいぞう》にして記録を残すようにしています」と小豆川さん。放射性物質について一緒《いっしょ》に考えてもらおうと、大人向けの講演会《こうえんかい》で話をしたり、小学生、中学生向けに「放射性物質って何なの？」という勉強会を開く活動も続けています。

（写真提供:小豆川勝見）

▲放射能汚染《ほうしゃのうおせん》によって住めなくなった家屋が、解体《かいたい》され分別されて置かれています。（2020 年 9 月 ）

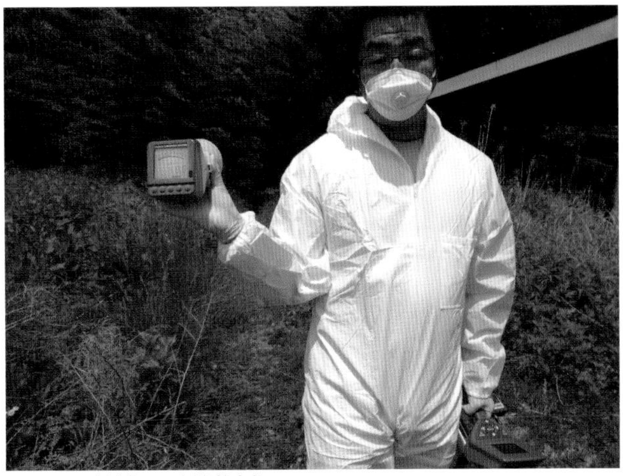

▲福島県大熊《おおくま》町の環境調査《かんきょうちょうさ》の様子（2014 年 5 月 ）

これから放射線《ほうしゃせん》の研究者が必要

放射性物質《ほうしゃせいぶっしつ》から出てくる放射線は人間がうまく利用すれば便利なものです。レントゲン写真は体を切らなくても体内の様子が分かります。最近ではエジプトのピラミッドの中身も分かるようになりました。

しかし、人間の手で管理されていない放射線はとても危険《きけん》です。数グラムの放射性セシウムが近くに置いてあるだけで人間は死んでしまいます。事故《じこ》後の福島第一原発ではこれを数百トンも片《かた》づける必要があります。その中には何万年も放射線を出す物質《ぶっしつ》も含《ふく》まれます。

どうやったら効率《こうりつ》よく、安全に片づけることができるのか、たくさんの知恵《ちえ》と工夫が必要です。福島第一原発を安全な状態《じょうたい》にするには、これから何十年もかかる見こみです。小豆川《しょうずがわ》さんは、放射線に興味《きょうみ》を持って、研究者になってくれる人がたくさん出てきてくれることを期待しています。

花の活動 すてられる花でSDGsを実践《じっせん》

──ロスフラワーで子どもたちと「はなあそび」

お祖母《ばあ》さんが花好きで、小さいころから花が身近にあったという中村佳世《なかむらかよ》さんは、子どもが好きで幼稚園《ようちえん》の教諭《きょうゆ》になりました。現在《げんざい》は幼稚園教諭の養成機関（学校）で教えています。

2020年、中村さんは、花が流通の過程《かてい》で大量にすてられていることを知りました。花屋には大きさや形のそろったきれいな花がたくさん売られていますが、花が少し小さい、茎《くき》が短い、茎が曲がっているなど「規格外《きかくがい》」とされる花は、栽培《さいばい》する農家から出荷されずに廃棄《はいき》されています。結婚《けっこん》式場やイベントで飾《かざ》られた花も、一部はまだきれいなのにすてられているのです。

ショックを受けた中村さんは、廃棄される花を「ロスフラワー」と名付けて新しい命をふきこむ活動をしている株式会社《かぶしきがいしゃ》RINの講座《こうざ》に参加。もう一つの仕事として、ロスフラワーを活用した活動「はなあそび」を始めました。現在は、講師《こうし》の仕事を続けながら、いろいろな場所で「はなあそび」を開催《かいさい》しています。

▲◀保育園《ほいくえん》での「はなあそび」。ロスフラワーでオリジナルアレンジメントをつくりました。中村さんは花の名前を園児たちに紹介《しょうかい》しています。

◀「はなあそび」に参加した小学生。ハロウィーンのフラワーアレンジメントを楽しみました。

（写真提供:川原田由希野、中村佳世）

子どもたちにもSDGsを紹介《しょうかい》

「はなあそび」で使う花は、中村さんが花の栽培《さいばい》農家から買い取った「規格外《きかくがい》」の花です。中村さんが訪《たず》ねてまわって、協力してくれる農家を見つけました。「規格外」でも、農家が大切に育てた花で、花屋で売られている花と変わらずにきれいです。

中村さんは、子どもたちにどうしてロスフラワーが出てしまうのかをていねいに説明します。そのとき、SDGsのゴール12「つくる責任《せきにん》つかう責任」についても触《ふ》れます。小さな子どもがSDGsの意義《いぎ》を理解《りかい》するのはむずかしくても、すてられるはずだった花で素敵《すてき》な作品をつくった経験《けいけん》から、子どもたちが花を好きになってくれたら、ロスフラワーを減《へ》らすことになると中村さんは考えています。

“草ストロー”で海を守りたい！

──今を生きる私《わたし》たちが行動を起こす

現在《げんざい》、プラスチックごみの海洋汚染《おせん》が深刻《しんこく》です。世界経済《せかいけいざい》フォーラムは、2050年には「海洋プラスチックごみの量が海にいる魚の量を上回る」と予測《よそく》しています。

大久保夏斗《おおくぼなつと》さんは、大学生のときに「このままの生活を続けていては、数十年後にはきれいな海で泳ぐこともおいしい魚を食べることもできなくなる」と危機感《ききかん》をいだきました。ベトナムを旅行した兄の迅太《はやた》さんから、ベトナムに草のストローがあることを聞いて、迅太さんとベトナムのミン・ホアンさんの3人で事業を立ち上げました。大久保さんたちは、ベトナムで栽培《さいばい》されているレピロニアという植物を原料とした「草ストロー」を日本で販売《はんばい》しています。

環境《かんきょう》にも人にもいい事業に

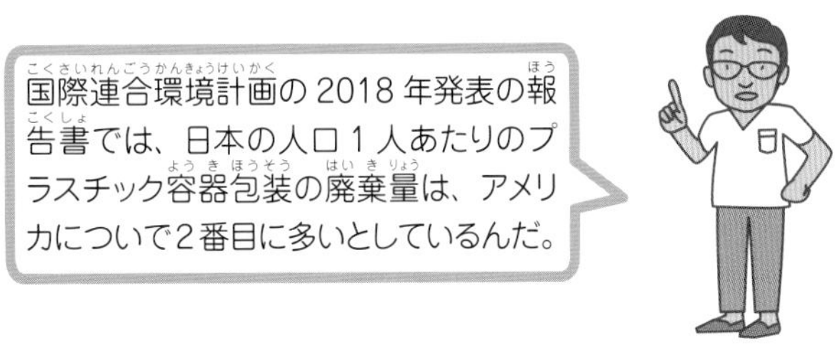

「草ストロー」の原料となるレピロニアは無農薬で栽培《さいばい》されています。保存料《ほぞんりょう》も使わず、高温殺《さっ》菌《きん》、UV殺菌を行い、日本で衛生規格検査《えいせいきかくけんさ》を実施《じっし》しています。2021年9月現在《げんざい》、日本国内で約180店のオーガニックのカフェなどで使用されているほか、インターネットでも販売《はんばい》しています。

使用後は普通《ふつう》の草と同じで土に還《かえ》すこともできて、環境《かんきょう》に負担《ふたん》をかけません。ベトナムの農村の雇用創出《こようそうしゅつ》にもなっています。また、大久保《おおくぼ》さんたちは、現地《げんち》の農村支援《しえん》NGO団体《だんたい》と協力して、売り上げの一部を子どもたちの教育費《きょういくひ》として寄付《きふ》していくことも予定しています。

＊オーガニックとは、化学肥料《ひりょう》や農薬を使わないで栽培《さいばい》された農産物や、添加物《てんかぶつ》を使用していない食品などのことです。

(上) レピロニアはカヤツリグサ科の草で、高さが2mくらいになります。(下) 大久保《おおくぼ》さんたちは、使ったあとの「草ストロー」を家畜《かちく》の飼料《しりょう》にすることも考えているそうです。

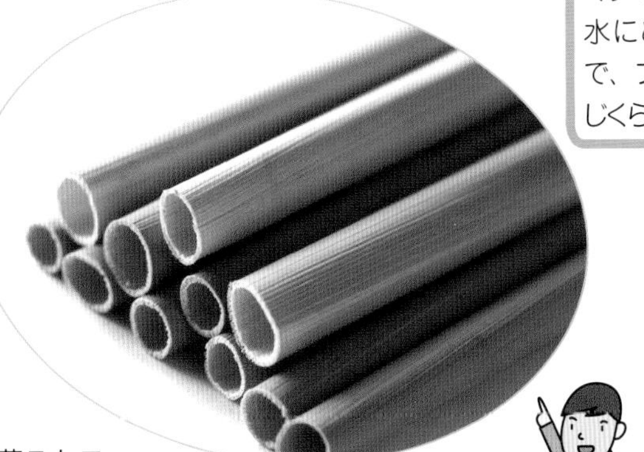

▲草ストロー

(写真提供:HAYAMI)

古材販売 ごみになる前にレスキュー！

――リユースで物も文化も次の世代へつなぎたい

解体《かいたい》される古い建物から、使われていた古材（古い木材）や古道具などの古い物を引き取り、リユース（再利用《さいりよう》）して販売《はんばい》する店「リビルディングセンタージャパン」（通称《つうしょう》リビセン）は2016年に開店しました。きっかけは代表の東野唯史《あずのただふみ》さんがその前年、ともに店舗《てんぽ》デザインなどの仕事をしていた妻《つま》の華南《かな》子《こ》さんと米国オレゴン州のポートランドを訪《たず》ねた際《さい》、「リビルディングセンター」に出会ったことでした。そこには建設業《けんせつぎょう》に限《かぎ》らず普通《ふつう》の人たちが古い物を探《さが》しに来ていて、購入《こうにゅう》した物を住宅《じゅうたく》や地域《ちいき》の暮《く》らしに生かしていたのです。その様子に感動した東野さんたちは、店の名称《めいしょう》を日本で使用する許可《きょか》を得《え》て、長野県諏訪《すわ》市にリビセンをつくりました。

リビセンの目的は、古い物を販売することだけではないそうです。「地域の資源《しげん》を生かして、残したい“物と文化”を次の世代へつなげていくことが目的」と東野さんは言います。

解体《かいたい》される建物から古材や古道具を引き取ることをレスキュー（英語で「救出《きゅうしゅつ》」）と呼《よ》んでいるよ。

解体《かいたい》される建物から古材をレスキュー

リビセンでは、近隣《きんりん》の地域《ちいき》で解体《かいたい》が決まった古い建物の大家さん（持ち主）から連絡《れんらく》が来ると、スタッフが車で古材や古道具をレスキューしに行き、引き取ってきます。レスキューでは重機（大きな機械）は使いません。人力でできるやり方で建物から古材を取り出します。重機を使って建物を解体すると、古材や古道具は壊《こわ》され、ごみとして処分《しょぶん》されます。日本では１年に7万9777棟《とう》の木造建築《もくぞうけんちく》物が解体され（2020年、国土交通省調査）、それらのほとんどがごみとして処分されるのです。人力でのレスキューはごみの減量《げんりょう》につながります。

レスキューした古材は、作業場でくぎを抜《ぬ》いたり洗《あら》ったりなどしてから値段《ねだん》を付け、どんな場所でどのように使われていたかなども紹介《しょうかい》して、売り場に並《なら》べられます。建物の解体を決めた大家さんの気持ちや、古道具への持ち主の思い出などを買う人に知ってもらい、持ち主だった人の気持ちをつなげていくことを大切にしています。かわりに持ち主には、愛着ある柱から写真立てをつくってギフトとして手渡《てわた》したりしています。

◀解体《かいたい》される建物から古材をレスキューするリビセンのスタッフ。古材や古道具を壊《こわ》さないよう、重機を使わず人力で作業します。現在《げんざい》は使われない昔の職人《しょくにん》の技術《ぎじゅつ》を発見することもあります。

◀リビセンの古材売り場。古材がどこでどのように使われていたか、書かれて紹介《しょうかい》されています。

古材がどこで何に使われていたか、よくわかるね。

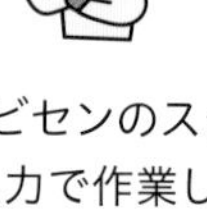

古材の選択肢《せんたくし》を日本中あちこちに

レスキューした古材や古道具は、その姿《すがた》のまま販売《はんばい》するほか、別の用途《ようと》に生かすために加工や制作《せいさく》をほどこす場合もあります。古い物はそのまま使うことだけにこだわってはいません。別の用途に使うことで新たな可能性《かのうせい》が広がることがあるからです。そのため、リビセンでは古材や古道具を使って住宅《じゅうたく》や店舗《てんぽ》の設計《せっけい》・デザイン、製品《せいひん》開発なども行い、新しい提案《ていあん》をしています。設計では、依頼主《いらいぬし》が遠くの場合には古材を現地《げんち》で調達し、現地の技術者《ぎじゅつしゃ》に加工を依頼することもあります。古材を使うという選択肢《せんたくし》を全国あちこちの人に知ってほしい、とリビセンは考えているからです。

また、古材を使ってテーブルや額《がく》などの家具や道具を新たにつくる「DIY（ものづくり）教室」も開催《かいさい》し、古材を生かす楽しさを伝えています。

資源《しげん》の再利用《さいりよう》で地域《ちいき》を豊《ゆた》かに

リビセンの１階にカフェがあります。古材や古道具に関心がない人でも、カフェにはお客として入ってきて、作業場で古材をみがいたり加工したりしている風景が見られます。そのため、一般《いっぱん》の人に古材が利用できると知ってもらえるそうです。

また、近所にはリビセンが設計《せっけい》デザインし、古材を使ってリノベーション（大規模《だいきぼ》な修繕《しゅうぜん》）した店舗《てんぽ》もできてきて、新たな移住者《いじゅうしゃ》も増《ふ》えるなど、地域《ちいき》が活性化《かっせいか》してきています。

リビセンには、「サポーターズ制度《せいど》」もあります。木に触《ふ》れてもらい、みがいたり切ったりして作業に一緒《いっしょ》に参加するサポーターを受け入れています。地域の人が古材・古道具の活用に親しめるしくみになっています。

リビセンが目指す未来について、東野《あずの》さんは、「地域の資源《しげん》を再利用《さいりよう》して地域のコミュニティを豊《ゆた》かにし、楽しくたくましく生きていけること」「物と文化をレスキューして次の世代へつなげていくこと」と話しています。

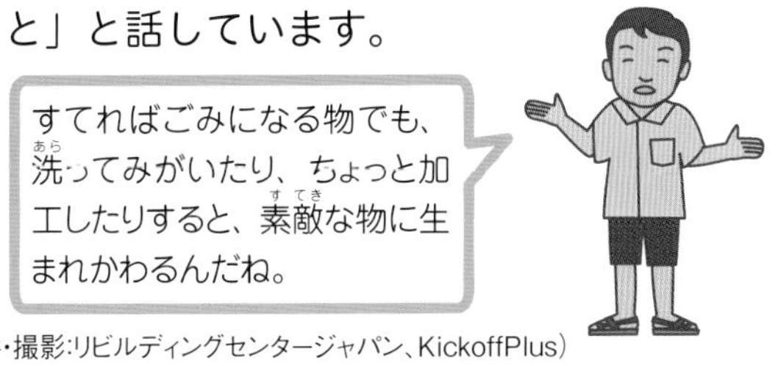

（写真提供・撮影:リビルディングセンタージャパン、KickoffPlus）

▲売り場には様々《さまざま》な用途《ようと》の古材や古道具が並《なら》んでいます。

▲古材を使ってつくられたテーブル。DIY（ものづくり）教室の参加者がつくりました。

▼リビセンの作業に参加するサポーターたち。作業を通じて、古材や古道具の活用の仕方を学ぶことができます。

▼リビセン１階のカフェ「live in sense」も古材が使われた設《せっ》計《けい》です。カフェでくつろぎながら作業風景が見られます。

気候研究 地球温暖化《おんだんか》を予測《よそく》したパイオニア

——地球温暖化《おんだんか》を予測《よそく》してノーベル物理学賞《ぶつりがくしょう》

　2021年にノーベル物理学賞《ぶつりがくしょう》を受けた真鍋淑郎《まなべしゅくろう》さんは、アメリカのプリンストン大学で気象《きしょう》について研究してきました。一番の功績《こうせき》は地球の気候変動・温暖化《おんだんか》を予測《よそく》する研究の基礎《きそ》を築《きず》いたことで、その後の対策《たいさく》づくりにも大きな役割《やくわり》を果たしてきました。

　地球温暖化は、現在《げんざい》そしてこれから先に生きていくわたしたちにとって最大の問題です。危機《きき》をどのようにして克服《こくふく》していくべきか、考えるきっかけを全世界に投げかけたのが、真鍋さんなのです。

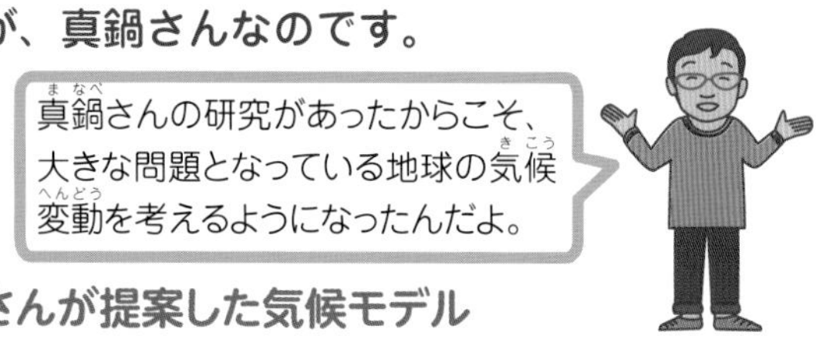

地球温暖化《おんだんか》のしくみと危機《きき》を予測《よそく》

　真鍋《まなべ》さんは1958年にアメリカに渡《わた》り、将来《しょうらい》進むであろう長期的な気候の変動をコンピューターで再現《さいげん》する方法の開発に参加し、力を注いできました。

　それから9年後の1967年、「二酸化炭素《にさんかたんそ》（CO_2）の濃度《のうど》が2倍になると地表の温度が約2度上昇《じょうしょう》する」という内容《ないよう》の論文《ろんぶん》を発表しました。二酸化炭素などの大気中の温室効果《おんしつこうか》ガスが、いかに地球を温暖化《おんだんか》させるかを、コンピューターを使って計算を繰《く》り返《かえ》し、科学的に証明《しょうめい》した初めての研究でした。

　真鍋さんの研究で、温暖化は大量の石炭や石油を消費《しょうひ》して発生する温室効果ガスが大気中に蓄積《ちくせき》されたことによって引き起こされるものであることが明らかになりました。人間が気候変動、温暖化の原因《げんいん》をつくっていることがわかったのです。

好奇心《こうきしん》こそが研究の原動力

　気候とは、地球上の無数の場所における気温や風、湿度《しつど》といった条件《じょうけん》の変化が複雑《ふくざつ》に入りまじって形成されるものです。真鍋《まなべ》さんは、たくさんの条件の中から必要と考えられる要素《ようそ》だけを選び出し、コンピューターを使って変化を分析《ぶんせき》し、これから先の温暖化《おんだんか》を予測《よそく》する方法を開発しました。

　条件を限定《げんてい》することは、当時の研究者の世界で

(写真提供:毎日新聞社)

真鍋《まなべ》さんが提案した気候モデル

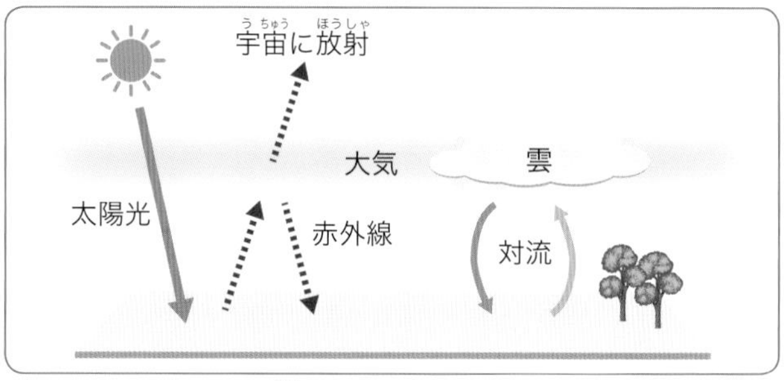

▲地球は太陽によって暖《あたた》められると、地面から赤外線を放出します。CO_2などの温室効果《おんしつこうか》ガスはこの赤外線を吸収《きゅうしゅう》して再《ふたた》び放出し、地表付近の空気を暖めます。真鍋《まなべ》さんはこのモデルを使い、CO_2濃度《のうど》が倍増《ばいぞう》すると、上空 10キロまでの対流圏《たいりゅうけん》の温度が約2度上昇《じょうしょう》することを 1967年に発表しました。地球温暖化《おんだんか》を定量的に示《しめ》した世界初の研究成果でした。

は大胆《だいたん》と思われる方法でしたが、その後の研究で真鍋さんの学説が正しいことは証明《しょうめい》されました。研究者にとって、何が本質《ほんしつ》であるか、本当に必要なものを見抜《みぬ》く直感が大切であることを、真鍋さんは研究を通じて教えてくれたのです。

　自分自身が行ってきたことについては「わたしの研究が、これほどまでに社会的に大きな意味を持つとは思いもしませんでした。こんなに楽しい研究はありません。好奇心《こうきしん》で研究をした結果でした」と振《ふ》り返《かえ》っています。

　長い間、アメリカで研究を続けてきた真鍋さんですが、最近の日本の研究活動については「好奇心をもとにしたものが少なくなっています」と心配し、政府《せいふ》が研究者へのサポートをもっと積極的に行うことを求めています。

NGO NPO 市民の力で気候変動を防止《ぼうし》する
——火力発電所の建設《けんせつ》を止めて環境《かんきょう》部門のノーベル賞《しょう》を受賞《じゅしょう》

NGO/NPO「気候ネットワーク」の理事を務《つと》める平田仁子《ひらたきみこ》さんは、2021年、「環境《かんきょう》部門のノーベル賞《しょう》」とも言われる「ゴールドマン環境賞」を受賞《じゅしょう》しました。

気候変動問題では、二酸化炭素《にさんかたんそ》を多く排出《はいしゅつ》する石炭、ガス、石油などの化石燃料《ねんりょう》の使用を減《へ》らすことが課題ですが、日本では2011年の東京電力福島第一原子力発電所の事故《じこ》以後、全国の原発が運転を停止《ていし》したことで、「電力の安定供給《きょうきゅう》」との理由で石炭火力発電所の建設《けんせつ》が進められました。

50カ所にのぼる建設計画に対して、平田さんたちは地域《ちいき》の人々《ひとびと》と連携《れんけい》して活動し、17カ所で建設計画は中止されました。この活動が評価《ひょうか》されたのです。平田さんは国内で稼働《かどう》中の石炭火力発電所165基《き》（2021年10月現在《げんざい》）の全廃《ぜんぱい》に向けて活動を続けています。

気候変動に対する NGO/NPOの役割《やくわり》

学生時代に気候変動の問題に関心を持った平田さんは、政府《せいふ》や経済界《けいざいかい》から独立《どくりつ》した立場からの監視《かんし》や提言《ていげん》、世論《よろん》の形成が必要だと考え、活動の場にNGO/NPOを選びました。

気候変動の問題は、「再生可能《さいせいかのう》エネルギー100%を目指す」などの明確《めいかく》な目標を国が示《しめ》して、社会全体のエネルギー構造《こうぞう》を変える必要があります。けれどもエネルギー構造は、経済《けいざい》構造と深く結びついていて、方向転換《ほうこうてんかん》は簡単《かんたん》ではありません。

気候ネットワークは、地球温暖化防止《おんだんかぼうし》のために市民の立場から提案《ていあん》、発信、行動するために1998年に設立《せつりつ》されたNGO/NPOです。COP（国連気候変動枠組条約締約国会議《わくぐみじょうやくていやくこくかいぎ》）に参加したり、国際的《こくさいてき》なNGOのネットワークCAN（気候行動ネットワーク）と連携《れんけい》するなど国際的な働きかけをするとともに、国内では政策《せいさく》提言をしたり、脱炭素《だつたんそ》の地域《ちいき》づくりを進めるなど、さまざまな活動をしています。

平田さんたちは、石炭の採掘《さいくつ》から火力発電所で燃《も》やした後まで、どれだけ環境《かんきょう》に負荷がかかるかなどの情報《じょうほう》を発信したんだ。それで、火力発電所建設予定地域《けんせつよていちいき》の人たちの活動が大きくなったそうだよ。

気候ネットワークのおもな活動

●脱炭素地域《だつたんそちいき》づくり・人づくりを広げる

「自然エネルギー学校・京都」気候ネットワークが地元の団体《だんたい》と協働で開催《かいさい》しています。

富山市の LRT(次世代の路面電車)。環境《かんきょう》負荷の小さな交通手段《しゅだん》です。

●日本の温暖化対策《おんだんかたいさく》を進める

気候変動・エネルギーの政策提言《せいさくていげん》、日本政府《せいふ》の政策評価《ひょうか》
情報《じょうほう》公開とデータ分析《ぶんせき》
政党《せいとう》・議員の政策評価(選挙関連)
企業《きぎょう》活動のモニタリング　などを行っています。

●国際的《こくさいてき》なしくみをつくる

気候ネットワークは CAN(気候行動ネットワーク)と連携《れんけい》し、各国政府《せいふ》に働きかけています。

(写真提供:気候ネットワーク)

環境研究 水槽《すいそう》の中を限《かぎ》りなく自然な海に！

──深刻《しんこく》な海洋の環境破壊《かんきょうはかい》を止めるために

古くから人は水辺で文明を発達させてきました。水はいのちの源《みなもと》であり、生きていくうえで欠かすことのできないものです。

ところが現在《げんざい》、地球の多くの割合《わりあい》を占《し》める海の環境《かんきょう》が危機《きき》に直面しています。原因《げんいん》の大多数は人間が引き起こしたもの。プラスチックによる海洋汚染《おせん》や乱獲《らんかく》による水産資源《しげん》の枯渇《こかつ》など、かつてないスピードで海の状態《じょうたい》が破壊《はかい》されているのです。

「このままではいけない」という強い思いをもち、高倉葉太《たかくらようた》さんは、海とそこで暮《く》らす生きものたちを残していくため、株式会《かぶしきがい》社《しゃ》イノカを2019年に創設《そうせつ》しました。

技術《ぎじゅつ》で水生生物を未来に残す

人間は他の多くの生きものと違《ちが》い、いろいろな言葉を話せたり、道具をつくったり使うことができるため、うっかりすると自分たちが特別な存在《そんざい》だと勘違《かんちが》いしてしまいます。しかし、実際《じっさい》には他の動物や植物と同じ地球の一部です。

人間は他の生きものを含《ふく》む自然とともに生きていくもの。イノカでは、「人と自然が、100年先も共生できる世界を創《つく》る」という考えのもと、IoTやAIといった最新技術《ぎじゅつ》を活用し、海の中の生《せい》態系《たいけい》を水槽《すいそう》の中に再現《さいげん》する『環境移送《かんきょういそう》技術』を開発しています。

＊ IoT… Internet of Things の略《りゃく》。電子機器など様々《さまざま》なものをインターネットでつないで、相互《そうご》にやりとりするしくみ。

海の生きものの暮《く》らしがわかるのかな。面白そうなイベントだね。

▲「サンゴ礁《しょう》ラボ」は、本物の生きものにふれあいながら生態《せいたい》系《けい》を楽しく学べる大人気のイベントです。夏休みの自由研究にもなります。

▲水質《すいしつ》をはじめ、水温・水流・照明環境《かんきょう》・微生物《びせいぶつ》を含《ふく》んだ様々《さまざま》な生物の関係などのバランスを取った、自然に限《かぎ》りなく近い環境を、「人工生態系《せいたいけい》」と定義《ていぎ》しています。

イノカでは本物の生きものにふれる体験を通して、生きものの面白さや自然環境《かんきょう》の現状《げんじょう》を伝えて、自然を大切にする人を増《ふ》やそうと考えているんだよ。

『人工生態系《せいたいけい》』をサンゴ保護《ほご》に活用

イノカでは、海の中の生きもののしくみやバランスである生態系《せいたいけい》と同じものを、陸の上で完全に再現《さいげん》する技術《ぎじゅつ》開発をしています。こうした人がつくった、自然に限《かぎ》りなく近い環境《かんきょう》を『人工生態系』という言葉で表し、目で見えるように大きな水槽《すいそう》の中につくり出しました。

実際《じっさい》に行っている事業としては、生態系の価値《かち》を「ひろめる」と、海の生きものを未来に「のこす」の2つがあります。

１つ目の「ひろめる」事業では、『人工生態系』を活用した教育を行う「サンゴ礁《しょう》ラボ」に取り組んでいます。

サンゴ礁の海を大きな水槽の中に再現することで、実際の海の中と同じような生きものの生態をいつでも見ることができます。「サンゴ礁ラボ」は、減少《げんしょう》の危機《きき》にあるサンゴ礁を取《と》り巻《ま》く環境《かんきょう》問題を知るとともに、課題はどこにあり、どのようにしたら解決《かいけつ》できるのかを楽しく体験しながら学べるプログラムとなっています。

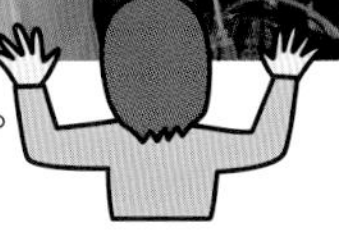

▲イノカは全国でも環境《かんきょう》教育を進めています。写真は「出張《しゅっちょう》サンゴ礁《しょう》ラボ」の様子です。

▲アフリカのモーリシャス沖で重油流出の事故《じこ》があった際《さい》、モーリシャス島の全域《ぜんいき》のモニタリングや現地《げんち》 NGOに技術提供《ぎじゅつていきょう》などを行いました。

日本で初めてサンゴの人工抱卵《ほうらん》に成功

もう１つの「のこす」事業では、『人工生態《せいたい》系《けい》』が研究施設《しせつ》で使われています。実際《じっさい》の海の中で、環境《かんきょう》の変化が生きものにどのような影響《えいきょう》を与《あた》えるのかを細かく十分に調べるためです。

具体的には、日焼け止めクリームがサンゴに対してどれだけ毒《どく》があるのかを調べたり、海の生態系を破壊《はかい》しないためにはどのような物質《ぶっしつ》を使うと効果《こうか》があるのかを、実際の海へ行くことなく実験することを可能《かのう》にしました。

大きな成果として、2020年には『人工生態系』を活用して完全閉鎖環境《へいさかんきょう》内で世界的にも珍《めずら》しいサンゴの人工抱卵《ほうらん》に成功しました。このように、海の環境保護《ほご》や保全に役立っています。

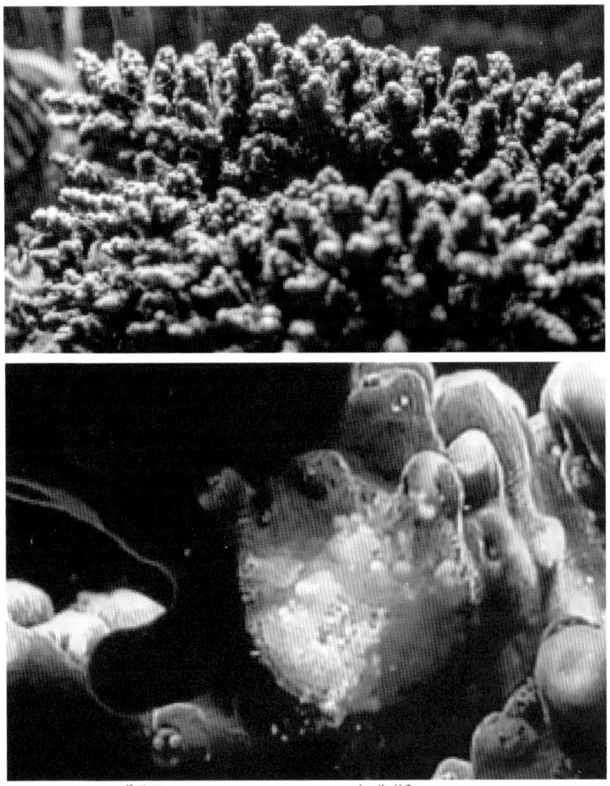

▲（上）IoT技術《ぎじゅつ》により水温を沖縄県久米島《くめじま》付近の海面水温と同期させた完全閉鎖環境《へいさかんきょう》内の実験で、サンゴの人工抱卵《ほうらん》を実現《じつげん》した産卵《さんらん》実験の対象《たいしょう》のサンゴ。（下）抱卵を確認《かくにん》した際《さい》の写真。ピンク色の卵《たまご》が確認できます。

海の中と同じ状態《じょうたい》を再現《さいげん》した『人工生態系《せいたいけい》』を使った実験で、環境《かんきょう》のようすやどうしたらよくなるかを調べるんだよ。

まるで海のお医者さんだね。

（写真提供:株式会社イノカ）

製品開発 きっかけは「サンゴ死んじゃうよ」

──サンゴにやさしい日焼け止めを

夏の海水浴では、太陽光の紫外線《しがいせん》による肌荒《はだあ》れやシミを防《ふせ》ぐために多くの人が日焼け止めを使います。ところが一《いっ》般的《ぱんてき》な日焼け止めには、海中のサンゴにとって有害な成分が含《ふく》まれていることが多く、アメリカのハワイでは一部の日焼け止めが販売禁止《はんばいきんし》になりました。

沖縄には世界的に貴重《きちょう》なサンゴがたくさん生息しています。金城由希乃《きんじょうゆきの》さんは、地元である沖縄の海のサンゴの環《かん》境《きょう》に危機《きき》を感じ、自然にも人の肌《はだ》にもやさしい日焼け止めを商品開発し、2017年に販売《はんばい》を開始しました。

金城さんは「地球にやさしい行動をするということは、自分を大事にすること」という想いを大切にしています。

▲『サンゴに優《やさ》しい日焼け止め』は、青い海のイラスト付きのかわいいアルミ缶《かん》に入っています。この商品名には、商品を見るたびに、自然に配慮《はいりょ》するということをちょっと思い出してほしいという強い想いがこめられています。

日焼け止めが海を汚《よご》していた

サンゴは、体内の藻《も》が光合成により二酸化炭《にさんかたん》素《そ》（CO_2）を吸収《きゅうしゅう》し、海水のCO_2濃度《のうど》の調節に不《ふ》可欠《かけつ》な存在《そんざい》です。動物でありながら、陸地の森林と同じような役割《やくわり》を果たしています。もしサンゴが死んでしまったら、海中のほかの生きものに十分な酸素《さんそ》が行きわたらなくなります。

金城《きんじょう》さんが『サンゴに優《やさ》しい日焼け止め』をつくろうと思ったのは、「日焼け止めでサンゴが死んじゃうよ」とダイバーに言われたことがきっかけです。日焼け止めに含《ふく》まれる化学成分がサンゴに悪影響《あくえいきょう》を及《およ》ぼすことを知ったのです。自分自身もサンゴに有害な日焼け止めを使っていた金城さんには衝撃的《しょうげきてき》なひと言でした。

金城《きんじょう》さんは 2020年に海洋ごみの問題解決《かいけつ》のため、ワンコイン 500円で手軽にビーチクリーンに参加して地元の人々《ひとびと》と交流できる「プロジェクトマナティ」も開始して継続《けいぞく》しています。

▲サンゴは植物のように見えますが、イソギンチャクやクラゲの仲間に分類される動物です。沖縄の海に生息するサンゴは、太陽の光が届《とど》きやすい水深 20 ～ 30 mの澄《す》んだ浅い海に生息しています。

困難《こんなん》を克服《こくふく》して理想の日焼け止め完成

その後、サンゴへ悪い影響《えいきょう》を与《あた》えない日焼け止めの開発を始めましたが、まわりの人たちからは思うように理解《りかい》されませんでした。とくに苦心したのが資金集《しきんあつ》めでしたが、うれしいことに応援《おうえん》してくれる人がクラウドファンディングで１人、２人と増《ふ》えていき、とうとう2017年に『サンゴに優《やさ》しい日焼け止め』を発売できました。

これまでの日焼け止めと違《ちが》い、化学製品《せいひん》は１つも使わず、ゴマ種子油、ココナッツオイルなどの天然由来の成分ばかりなので動物実験を行う必要もありません。サンゴにやさしく、自然にも人にもやさしい日焼け止めが完成したのです。

（写真提供:ジーエルイー合同会社）

漁業
経営

豊《ゆた》かな海を取《と》り戻《もど》そう！

――持続可能《かのう》な漁業の実現《じつげん》を目指して

▲社名フラットアワーは「対等な時間」という意味。「持続可能《かのう》な漁業の実現《じつげん》には行政《ぎょうせい》や研究機関、漁業者が対等な関係で語り合い、よりよいルールをつくっていく必要がある」との思いをこめています。

日本の漁業はいま、地球温暖化《おんだんか》などの気候変動によって不漁が発生し、困難《こんなん》に直面しています。原因《げんいん》は環境《かんきょう》の変化だけでなく、漁業者が魚を多く獲《と》りすぎてしまう「乱獲《らんかく》」も大きく影響《えいきょう》しています。子どもの頃《ころ》から釣《つ》りが大好きだった銭本慧《ぜにもとけい》さんは、大学と大学院で生物海洋学を研究した後、漁業の現場《げんば》に入って「合同会社フラットアワー」という会社を設立《せつりつ》しました。今までにない新しい漁業のスタイルをつくり、「持続可能《かのう》な漁業」の確立《かくりつ》に向けてチャレンジを続けています。

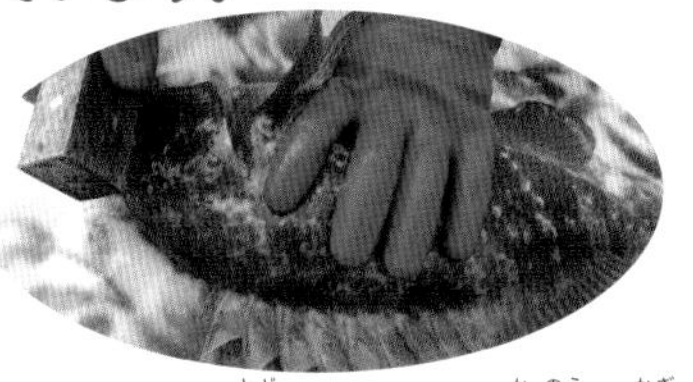

▲鮮度《せんど》の良い魚を届《とど》けるため、可能《かのう》な限《かぎ》り発送直前に締《し》めます。写真はキジハタ。
▶一本釣《いっぽんづ》りのヒラマサをさばく銭本《ぜにもと》さん。

ウナギの研究から気づいた乱獲《らんかく》問題

銭本《ぜにもと》さんは長崎大学で大型《おおがた》の手漕《てこ》ぎボート、カッター部の活動と釣《つ》りに明《あ》け暮《く》れたそうです。大学院では、解明《かいめい》されていなかったウナギの産卵《さんらん》場所を突《つ》き止《と》める研究に打ちこみます。研究を進めるうちに、このままでは資源《しげん》である魚が減《へ》ってしまう、と乱獲《らんかく》問題に危機感《ききかん》をいだいて「日本の漁業のためにできることは何か」を考えた末、研究者をやめて漁業の現場《げんば》で生きる道を選びました。

乱獲《らんかく》をなくして海の資源《しげん》を守るために

銭本《ぜにもと》さんは長崎県の離島《りとう》、対馬《つしま》へ移住《いじゅう》し、漁師《りょうし》たちとの交流を経《へ》て漁船をゆずり受けると、友人と2016年にフラットアワーをつくりました。

対馬周辺の海は四季折々《おりおり》、すばらしい魚介類《ぎょかいるい》が獲《と》れるところです。まず銭本さんらが考えたのは、釣《つ》った魚を新鮮《しんせん》な状態《じょうたい》で消費者《しょうひしゃ》に直接届《ちょくせつとど》ける方法でした。開始当初は大変でしたが、しだいに地元の漁師の理解《りかい》を得《え》て、漁師が獲《と》った魚を銭本さんらが買って全国のお客さんに販売《はんばい》するシステムができあがったのです。お客さんはSNSのつながりで増《ふ》え、国内に限《かぎ》らずシンガポールやタイなど海外の飲食店にも送っているそうです。

「早い者勝ちでルールもなくたくさん獲り、安さを競う今までの漁業を変えたい。新鮮なまま届けたり、お客さんの要望に合わせて、あえて数日間熟成《じゅくせい》したものを届けたりしたい」と銭本さん。日本の漁業を変えて豊《ゆた》かな海を取《と》り戻《もど》すためには、乱獲《らんかく》をしないでも漁師たちが十分に生活できるやり方をつくること、乱獲する（海や魚を大切にしない）事業者の魚を消費者が買わないことが大切、と銭本さんは言います。

研究者でもある銭本《ぜにもと》さんは調査《ちょうさ》活動のコーディネートもしています。日本海の玄関口《げんかん》である対馬《つしま》で観測《かんそく》を行うことで、日本海に流入する海水の特性《とくせい》や季節的な変化がわかります。

（写真提供:合同会社フラットアワー）

果物輸入 果物を食べてアマゾンの森を守る

──「アグロフォレストリー」農法の作物を輸入《ゆにゅう》

アマゾンの熱帯雨林は、南アメリカのアマゾン川流域《りゅういき》に広がる世界最大の熱帯雨林です。生物多様性《せいぶつたようせい》の宝庫《ほうこ》としても知られています。ところが、1960年代から続く開発や近年の森林火災《かさい》により、広大な面積の森林が失われてきました。

長澤誠《ながさわまこと》さんは、アマゾン川河口《かこう》付近で森をつくる「アグロフォレストリー」農法によってアマゾンフルーツが栽培《さいばい》されていることを知り、ビジネスの力でアグロフォレストリーに貢献《こうけん》しようと、株式会社《かぶしきがいしゃ》フルッタフルッタを設立《せつりつ》しました。アグロフォレストリーで栽培された「アサイー」などのフルーツでつくるジュースや食品を販売《はんばい》するとともに、飲食店や製菓《せいか》メーカーにも原料として納入《のうにゅう》しています。

▼アマゾンフルーツの数々

▲「アサイー」からつくられたアサイージュース

▶アサイーの木

森をつくる農法「アグロフォレストリー」

アグロフォレストリーは、1970年代にブラジル移民《いみん》1世の坂口陞《さかぐちのぼる》さんを中心に始められた農法です。1929年にブラジルのトメアスに入植した日系人《にっけいじん》たちは、苦労の末コショウの栽培《さいばい》で成功しました。しかし、1970年代にコショウの病害により壊滅的《かいめつてき》な打撃《だげき》を受けました。

そのとき、坂口さんは川沿《かわぞ》いに住む現地《げんち》の人々《ひとびと》が家のまわりに様々《さまざま》な作物を植え、どれかが不作のときは他の作物を食べていることを知りました。そこで、コショウ畑に様々な作物を植えたのがアグロフォレストリーの始まりです。

バナナ、カカオ、アサイーなどの果樹《かじゅ》、コショウや稲《いね》、高級木材となるマホガニーなど様々な作物を植えた農場は15年ほどで森のようになります。1年目には稲が収穫《しゅうかく》でき、その後は次々《つぎつぎ》に作物が収穫できます。農家にとっても持続可能《かのう》な農法なのです。

アグロフォレストリー農法

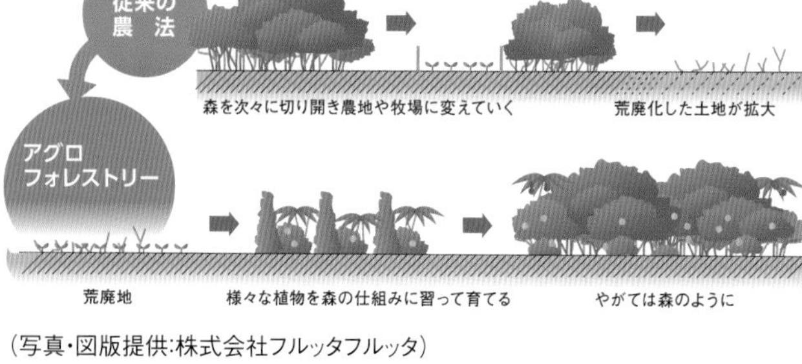

(写真・図版提供:株式会社フルッタフルッタ)

森をつくる農法は、現地《げんち》の人の暮《く》らし方をヒントにして生まれたんだね。

▲長澤《ながさわ》さんがトメアスから輸入《ゆにゅう》するカカオには、トメアス産カカオの産地認証《にんしょう》マークがついています。

森林管理

人と森をつないで林業を面白くする！

――森林プランナーとして森を生かす

日本の面積の３分の２は森林で、そのうちの４割《わり》が人の手で苗木《なえぎ》を植えて育てた人工林です。戦争中に荒廃《こうはい》した森林の復旧《ふっきゅう》や戦後復興《ふっこう》のために、戦後、杉《すぎ》やヒノキなどの造林《ぞうりん》が大規模《きぼ》に行われました。けれども、安い木材が輸入《ゆにゅう》されるようになると林業に従事《じゅうじ》する人が減《へ》っていきました。

手入れされていない人工林は、土砂崩《どしゃくず》れや、風雪による倒《とう》木被害《ぼくひがい》が起きやすくなる場合があります。近年、地震《じしん》や大雨の際《さい》に被害も出ています。森林管理の担《にな》い手《て》不足の中、どのように適切《てきせつ》に管理していくのかが緊急《きんきゅう》の課題となっています。

内海美沙《うつみみさ》さんは、フリーの森林プランナーとして、森林の所有者の希望をききながら、森を安全にし、生かす計画を立て、森林の管理をしています。森林で災害《さいがい》が発生すれば人命にもかかわりかねないことから、地域《ちいき》の人たちに森林に関心を持ってもらう取り組みにも力を入れています。

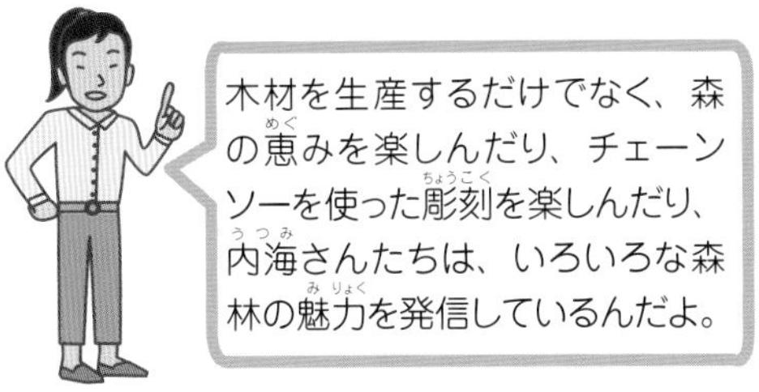

人をつないで森林の価値《かち》を引き出す

森林管理の技術《ぎじゅつ》を持っている人が高齢《こうれい》になり、減《へ》ってきていることに危機感《ききかん》をいだいている内海《うつみ》さん。森林管理を次世代へ継承《けいしょう》することを目指しています。森林の所有者や地元住民が一緒《いっしょ》に楽しめるイベントを開いたり、林業の専門家《せんもんか》と地域《ちいき》住民が意見交換《こうかん》する機会をつくったりするなど、フリーであることを生かして、いろいろな立場の人の間をつなぐ役割《やくわり》も担《にな》っています。

2018 年には仲間とともに、森林管理についてなんでも相談できる「森林トータルデザイン」を立ち上げました。森林所有者さんたちの困《こま》りごとの問題解決《かいけつ》のお手伝いを通して、森林が持っている真の価値《かち》を引きだす活動をしています。

▲「林業はおもろないとアカン」と、チェーンソーを使った彫《ちょう》刻《こく》など、安全を確保《かくほ》しながら森林の魅力《みりょく》を発信しています。

▲ 2018 年の西日本豪雨《ごうう》では京都市の鞍馬山《くらまやま》でも多くの被害《ひがい》が出ました。内海さんたちは、鞍馬山森林再生《さいせい》プロジェクトの立ち上げに協力し、次世代の森づくりについての提案《ていあん》や、課題解《かい》決《けつ》に向けた取り組みを実施《じっし》しています。

◀内海《うつみ》さんのところには、森林管理に危機感《ききかん》を持つ行政《ぎょうせい》の担当者《たんとうしゃ》からも問い合わせがきます。写真は、ドローンの森林活用実証《じっしょう》実験で、京都府の担当者《たんとうしゃ》たちとドローンを操作《そうさ》しているところ。

（写真提供:内海美沙）

何度も投獄《とうごく》されても農民の命を優先《ゆうせん》した政治家《せいじか》

足尾鉱毒事件《あしおこうどくじけん》を起こした足尾銅山《あしおどうざん》（栃木県）は、新しい鉱脈《こうみゃく》を掘《ほ》りあてた1884年ころから発展《はってん》した鉱山《こうざん》会社です。周辺を流れる渡良瀬川《わたらせがわ》では洪水《こうずい》が多発しました。会社が燃料《ねんりょう》とするために行った森の乱伐《らんばつ》と、煙突《えんとつ》から排出《はいしゅつ》される亜《あ》硫酸《りゅうさん》ガスが、足尾の山々《やまやま》をハゲ山にしたためでした。下流域《かりゅういき》の農作物を枯《か》らし、川魚を死滅《しめつ》させた渡良瀬川の汚染《おせん》は、銅《どう》の採掘《さいくつ》にともなう排《はい》水《すい》や、川にすてられた土砂《どしゃ》に含《ふく》まれる鉱毒《こうどく》によるものでした。

田中正造《しょうぞう》は、江戸《えど》時代末期、下野国《しもつけのくに》の小中村《こなかむら》（いまの栃木県佐野《さの》市）で名主《なぬし》（村の代表者）の家に生まれました。父に代わって16歳《さい》で名主となった正造は、農業に励《はげ》みながら自分が百《ひゃく》姓《しょう》（農民）であることを強く意識《いしき》し、村人たちのために生きることを決意しました。20代で

村人たちのために領主《りょうしゅ》の六角家《ろっかくけ》とたたかい、半年ほど過酷《かこく》な投獄《とうごく》生活を経験《けいけん》。東北で役人をしていたときも無実の罪《つみ》で3年ほど投獄されました。青年期のこうした経験が、身を犠牲《ぎせい》にしても農民に尽《つ》くす信念を形づくっていきました。

正造は、37歳で政治《せいじ》に専念《せんねん》すると決め、自《じ》由民権運動《ゆうみんけんうんどう》に参加。区会議員を経《へ》て1880年に県会議員になりました。県会議員時代にも県令（県知事）の悪政《あくせい》に抵抗《ていこう》して投獄されています。

▲**足尾銅山跡《あしおどうざんあと》**　田中正造《たなかしょうぞう》らのたたかいによって、足尾銅山《あしおどうざん》も鉱《こう》毒防止《どくぼうし》の対策《たいさく》にせまられますが、公害の防止対策が完成したのは1956年ごろのことでした。1973年に閉山《へいざん》しました。

（写真:PIXTA）

馬と働く

馬と人とが力を合わせる！

――持続可能《かのう》な農林業を馬とつくる

岩手県遠野《とおの》市の岩間敬《いわまたかし》さんは、農林業に従事《じゅうじ》しながら、馬と人が力を合わせて木材など重いものを運ぶ「馬搬《ばはん》」や、田畑の農作業を馬と行う「馬耕《ばこう》」の仕事を広める活動をしています。もともと馬が好きで、20代は東京などで乗馬にかかわる仕事をしていました。

出身地の遠野に帰って「馬搬」の仕事を間近で見たとき、人がかけ声で体重が何百キロもある大きな馬を動かすことに感動して、自分でもやりたいと思いました。当時は「馬方《うまかた》」と呼《よ》ばれていた人たちがまだ仕事をしていたので、岩間さんは弟子《でし》入りして「馬搬」の技術《ぎじゅつ》を身につけ、積極的に馬とともに働く仕事をしました。

さらに、立ち上げた一般社団《いっぱんしゃだん》法人馬搬振興会《しんこうかい》のリーダーとして、各地で「馬搬」や「馬耕」の伝統《でんとう》技術を伝えながら、一般の人にも「働く馬」の仕事を知ってもらうために活動しています。この10年ほどで、馬とともに暮《く》らしながら農林業に従事する若い人たちが増《ふ》えているそうです。

1トンをこえる大きい馬もいるんだって。岩間《いわま》さんは、2011 年にイギリスでの馬《ば》搬《はん》技術《ぎじゅつ》コンテストで優勝《ゆうしょう》したそうだよ。

「馬搬《ばはん》・馬耕《ばこう》」の文化を未来へ

かつては日本でも1950年代ごろまでは、田畑の土を耕《たがや》し、山から切り出した木を背負《せお》い、ソリや馬車を引いて運ぶなどの力仕事で、馬や牛が農林業や流通業に不可欠《ふかけつ》な存在《そんざい》でした。体重が何百キロもある馬は力が強く、「馬力」という言葉があるように昔から人と一緒《いっしょ》に力仕事をしてきた動物です。コンバインやトラクター、重機や大型《おおがた》トラックなどの機械や車が使われだすと、農村からその姿《すがた》は消えていきました。もし岩間さんが馬方《うまかた》さんから技術《ぎじゅつ》を習わなければ、馬搬《ばはん》や馬耕《ばこう》の文化は途絶《とだ》えたかもしれません。

岩間さんは、馬と人とが力を合わせて働く仕事の可能性《かのうせい》を今後さらに広げようと、2020年には株式会社三馬力社《かぶしきがいしゃさんばりきしゃ》を設立《せつりつ》。各地で馬と働こうとする若《わか》い人たちの指導《しどう》を続けています。

(左上) 重い荷物を山の上へ運ぶ「荷揚《にあ》げ」の仕事。山小屋への物資《ぶっし》や、登山コースに設置《せっち》する案内板などを運びます。
(左下) 高く伸《の》びた杉《すぎ》を山から下ろし、隣接《りんせつ》の神社や道を傷《きず》つけずに直径 50 センチ以上の丸太を運び出す「馬搬《ばはん》」の作業。新潟県津南《つなん》町の太島勝重《おおしまかつしげ》さん。

（写真提供:三馬力社、木こり屋八十八、一般社団法人馬搬振興会）

馬はせまい山道も入って行けるし、急斜面《きゅうしゃめん》の田畑でも耕《たがや》すことができるよ。

▲ヴィンヤード（ぶどう畑）で土寄《つちよ》せ作業をする馬。長野県上田市で馬搬振興会《ばはんしんこうかい》が主催《しゅさい》した研修会《けんしゅうかい》。（写真提供:一般社団法人馬搬振興会）

▲田植え前の水田で、馬に砕土機《さいどき》を引かせて土をくだき、代《しろ》かき作業をしています。鳥取県智頭《ちづ》町で、農薬や肥料《ひりょう》を使わない自然栽培《さいばい》で米を育てている岩田和明《いわたかずあき》さん。（写真提供:森のうまごや）

山を傷《きず》つけず環境《かんきょう》にやさしい「馬搬《ばはん》」

山から木材を切り出すために現在《げんざい》多く行われているのは、まず森林を大量に伐採《ばっさい》して山の上方まで道路をつくり、重機やトラックで運ぶ方法です。このような伐採は、やり過《す》ぎると山の保水力《ほすいりょく》が失われて豪雨《ごうう》の際《さい》に地すべりなどが起きやすくなる危険性《きけんせい》もあります。また、トラックが何往復《なんおうふく》もすることで森林や付近の大気汚染《おせん》も生みだし、地球温暖化《おんだんか》につながる二酸化炭素《にさんかたんそ》の排出《はいしゅつ》を増《ふ》やします。

一方、馬搬《ばはん》での木材切り出しは大量の木材伐採も必要なく、土砂崩《どしゃくず》れや大気汚染にもつながりません。必要な量の木材だけを、馬と人の力だけで山をかき分けながら上り下りして切り出すことができます。馬はせまいところでも通ることができ、馬の糞《ふん》は森の養分にもなります。馬搬は森を傷《きず》つけない自然環境《かんきょう》にやさしい仕事です。SDGsの実《じつ》現《げん》と持続可能《かのう》な未来につながる仕事だといえます。

馬と人がともに働く仕事の例

これまで馬搬振興会《ばはんしんこうかい》メンバーたちが行ってきた仕事です。今後もっと広がる可能性《かのうせい》があります。

- 山からの木材（間伐材《かんばつざい》）の切り出しと運搬《うんぱん》
- 荷物や建材などを山で運搬（荷揚《にあ》げ）
- 水田の馬耕《ばこう》
- ぶどう畑、茶畑などの馬耕
- 倒木《とうぼく》の処理など　・山林や里山の整備《せいび》
- 子どもをまじえた馬と人との交流イベント、など

（編集協力　森のうまごや／はたらく馬協会）

馬と息を合わせて田畑を耕《たがや》す「馬耕《ばこう》」

鳥取県智頭《ちづ》町で「馬耕《ばこう》」を実践《じっせん》する岩田和明《いわたかずあき》さんは、東日本大震災《ひがしにほんだいしんさい》をきっかけに家族と東京から山梨県に移住《いじゅう》し、ガソリンを使わない自給農業を始めました。岩手県の岩間さんのところで馬耕や馬搬《ばはん》を学び、全国馬耕大会や馬耕キャラバンを各地で開催《かいさい》しました。2018年からは現在《げんざい》の地に来て、２頭の馬をパートナーに、農地を少しずつ広げながら暮《く》らしています。馬耕体験会や、子どもたちを対象に森のプレーパークも開いています。

岩田さんは、減反政策《げんたんせいさく》で20年も耕作放棄《こうさくほうき》されていた田んぼで馬耕を実践《じっせん》しています。まず最初は馬に経験《けいけん》させるために、細い犂《すき》を引かせて浅く耕《たがや》します。少しずつ深く耕していくうちに、馬は集中力が上がっていくそうです。以前、地域《ちいき》のお年寄《としよ》りから「馬鍬《まぐわ》（馬が引く鍬《くわ》）で歩いた田は水がもれにくい」と聞いたことがあるそうです。実《じっ》際《さい》にやってみるとその通りで、田んぼの保水力《ほすいりょく》が高まることを実感するそうです。

代《しろ》かき作業のあとは、泥《どろ》だらけになった馬を丁《てい》寧《ねい》に洗《あら》ってやるそうです。「化石燃料《かせきねんりょう》を使わずに不必要に大規模《きぼ》化せず、自分の手足を使って必要な物をつくって生活していきたい」と岩田さんは話します。

馬との仕事は化石燃料《かせきねんりょう》を使わず、地球にやさしいんだね。

農村研究者 ごみと家畜《かちく》とシロアリの力で荒廃地《こうはいち》を緑に

――アフリカの農村の暮《く》らしをよくする

小学生のときにアフリカのサハラ砂漠《さばく》南側のサヘル地域《ちいき》で起きた干《かん》ばつをテレビで見た大山修一《おおやましゅういち》さんは、将来《しょうらい》、こういう問題に取り組みたいと思いました。大山さんはアフリカにかかわるために研究者になり2000年からサヘル地域に位置する国、ニジェールの村に住みこんで住民と交流しながら砂漠化《さばくか》のメカニズムの研究を進めるとともに、緑化活動を行っています。

サヘル地域では砂漠化の問題が深刻《しんこく》で、豊《ゆた》かな土壌《どじょう》が足りないことから、毎年、牧畜民《ぼくちくみん》と農耕民《のうこうみん》の衝突《しょうとつ》などの問題が起きています。

大山さんは、地元の人の協力を得《え》ながら都市から出たごみと牧畜民の家畜《かちく》を利用して、砂漠化した土地の緑化を進めています。それによって、食料生産性《せいさんせい》を向上させ、農耕民と牧畜民の紛争予防《ふんそうよぼう》につなげたいと考えています。

深刻《しんこく》な砂漠化《さばくか》の問題

20年ごとに２倍になるスピードで人口が増《ふ》えているニジェールでは土地不足が起きていて、砂漠化《さばくか》によってさらに深刻《しんこく》になっています。雨季には牧畜民《ぼくちくみん》の家畜《かちく》が農耕民《のうこうみん》の畑の植物を食べるため、毎年武力衝突《ぶりょくしょうとつ》が起きています。

砂漠化は地表面の土壌《どじょう》が風や雨によって浸食《しんしょく》、流出することで起こります。薪《まき》や建材にするための樹木《じゅもく》の伐採《ばっさい》や、家畜の放牧による植物の採《さい》食《しょく》、農耕《のうこう》活動による地表面の撹乱《かくらん》を受けると、砂漠化が起こりやすくなります。

地表面の土壌がなくなるとコンクリートのように硬《かた》い堆積岩《たいせきがん》が表面に露出《ろしゅつ》して、植物が生育できません。このようになった土地を植物が生育できるようにすることを緑化といいます。

▲都市ではごみ処理《しょり》が課題となっています。

▼緑化実験の圃場《ほじょう》の前で村の人たちと。

ごみを利用した緑化の過程《かてい》

2011年、大山さんたちは50メートル四方の砂《さ》漠化《ばくか》した土地をフェンスで囲《かこ》い、150トンの都市のごみを入れました。ごみにビニールが含《ふく》まれていると、土壌中《どじょうちゅう》の水分が蒸発《じょうはつ》しにくくなり、乾燥《かんそう》や直射《ちょくしゃ》日光に弱いシロアリが生息《せいそく》しやすくなりました。土の中のシロアリは有機物の分解《ぶんかい》をすすめ、地表面をやわらかくするので、緑化に不可欠《ふかけつ》な存在《そんざい》です。

次の年にはフェンスの中は草地となり、大山さんたちは牧畜民《ぼくちくみん》に家畜《かちく》をフェンス内に入れてもらいました。都市のごみの中には、スープに使うバオバブの種子、人が食べた後のナツメヤシの種子などが含《ふく》まれていて、家畜の糞《ふん》にはアカシアなどの樹木《じゅもく》の種子が入っていました。

3年後にはこれらの種子が生長して茂《しげ》みをつくり、5年もすると、樹木の影《かげ》で家畜が食べる草が生長して、牧草地になりました。

▲砂漠化《さばくか》した土地にごみを撒《ま》き、風で飛ばないように砂《すな》をかぶせます。40℃を超《こ》す暑さの中、大変な重労働です。

▲5年ほどで、樹木《じゅもく》が茂《しげ》って、家畜《かちく》の放牧ができるようになります。この少年は大山さんに、ていねいなあいさつのポーズをしています。

シロアリが大活躍《だいかつやく》

シロアリは穀物《こくもつ》の穂軸《ほじく》や家畜《かちく》の糞《ふん》などを食べて、分解《ぶんかい》します。有機物が撒《ま》かれたところでは、シロアリが地中に巣穴《すあな》をつくり、小さな隙間《すきま》がたくさんできるので、降《ふ》った雨が土地に浸透《しんとう》しやすくなります。シロアリが硬《かた》い土を植物の生長に適《てき》した土地に変えているのです。

▲シロアリが有機物を分解《ぶんかい》してつくった土。

ごみの重金属《じゅうきんぞく》やビニール袋《ぶくろ》などの有害性《ゆうがいせい》について分析《ぶんせき》したところ、家庭から出た直後のごみには、有害物質《ぶっしつ》は含《ふく》まれていなかったんだって。有害物質が含まれていたのは側溝《そっこう》のどぶや道路わきで長期間放置されていたごみだそうだよ。

(写真提供:大山修一)

地元の人たちとともに

ニジェールの農耕民《のうこうみん》の村人たちは、自分たちの畑を砂漠化《さばくか》から守るために、家畜《かちく》の糞《ふん》や食べ残しの枯草《かれくさ》、穀物《こくもつ》の穂軸《ほじく》、落花生の殻《から》、使い古した布《ぬの》などのごみを土地に撒《ま》いて、乾季《かんき》には牧畜民《ぼくちくみん》に家畜とともに畑に入って、糞を落としてくれるよう頼《たの》んでいました。そこで、大山さんは都市のごみを利用した緑化の実験を始めたのでした。

大山さんたちの緑化は順調に広がり、ごみを確保《かくほ》するために、近くの市の市長さんに掛《か》け合《あ》って、今では市との協同作業として、多くの人が緑化に参加しています。ごみを緑化に利用することは、都市のごみ処理《しょり》問題の解決《かいけつ》にもつながります。

大山さんたちは、安全《あんぜん》性《せい》を確《たし》かめながら緑化を進めているんだね。

自然保護《ほご》運動の先駆《さきが》けとなった平野家《ひらのけ》三代

明治の初めに生まれた平野長蔵《ひらのちょうぞう》は、10歳《さい》で父親を失い、行きたかった小学校も3年までしか行けず、檜枝岐村《ひのえまたむら》で苦労して育ちました。小学校も出ていない長蔵が、国の政策《せいさく》に後押《あとお》しされた電力会社の計画に抵抗《ていこう》して尾瀬《おぜ》の自然を守ったことには驚《おどろ》かされます。当時の国民のなかに、草木や山川の保全《ほぜん》を国の政策より優先《ゆうせん》させる考え方はほとんどありませんでした。

勉強をして東京に出たかった長蔵の子の長英《ちょうえい》も、親の苦労を見て学問継続《けいぞく》をあきらめ、中学を2年で卒業すると山の生活に入りました。長蔵亡《な》きあと、山小屋を守り、尾瀬の自然を守り続けた長英は、戦争が近づくなかで自然を求めてやってくる大学生たちから本をゆずられて、自然の大切さを改めて認識《にんしき》したといいます。尾《お》瀬沼《ぜぬま》に取水トンネルがつくられたあと、長英は

後藤允・著『尾瀬 山小屋三代の記』(岩波書店)、同『尾瀬をまもる人びと―長蔵小屋の三代』(大日本図書)をもとに構成しました。

学者・文化人らとともに尾瀬保存期成同盟《ほぞんきせいどうめい》（いまの日本自然保護《ほご》協会）を結成しました。

長蔵の孫、長英の息子の長靖《ちょうせい》は、京都大学を卒業して北海道で新聞記者として働きだしていましたが、悩《なや》んだ末に親のあとを継《つ》ぎました。長靖は、36歳の若《わか》さで悲劇的《ひげきてき》な死を遂《と》げましたが、彼《かれ》の自然保護《ほご》の意思は、多くの人に受《う》け継《つ》がれ、現在《げんざい》は完成していた一部区間にも一般《いっぱん》車両が入れない措置《そち》がとられています。

▲燧ヶ岳《ひうちがたけ》に向かう木道。 （写真:PIXTA）

SDGsのゴールから未来の仕事を考えてみよう

「だれ一人取り残さない社会」をつくる仕事には、どんなものがあるのでしょう。よりよい社会をつくりだす仕事とは、どんなことなのでしょう。そんな未来の仕事を考えるうえで指針《ししん》となる（方向を示《しめ》してくれる）のが、いま世界で取り組んでいる「SDGs（持続可能《かのう》な開発目標）」です。SDGsのことは、あなたも学校で聞いたことがあるでしょう。もっとくわしく知りたければ、この本の最後に解説《かいせつ》（資料《しりょう》）があるので読んでみてください。

これまでのページでは、SDGsのゴール12から15にかかわる先進的な仕事を取り上げました。次のページからは、未来に向かってさらに発展《はってん》した仕事を考えてみました。それぞれのゴール達成に役立つ仕事を、あなたも考えてみましょう。

ゴール 12 つくる責任《せきにん》つかう責任

ゴール12の目標は、モノの生産に資源《しげん》を使《つか》い過《す》ぎることや、豊《ゆた》かさを求めてモノを大量消費《しょうひ》・大量廃棄《はいき》することをやめようというものです。これ以上の環境《かんきょう》悪化を防《ふせ》ぐには、持続可能《かのう》な生産と消費の形をつくりだすことが必要です。

ゴール 13 気候変動に具体的な対策《たいさく》を

ゴール13は、世界を危《き》機《き》的《てき》状況《じょうきょう》に追いこみ始めた気候変動と、その影響《えいきょう》で急激《きゅうげき》に増加《ぞうか》してきた気象災害《きしょうさいがい》に、世界各国が緊急《きんきゅう》に強力な対《たい》策《さく》を講《こう》じることを求めています。

ゴール 14 海の豊《ゆた》かさを守ろう

ゴール14の目標は、その利用を持続可能《かのう》なものとするためにも、海の環境《かんきょう》とそこに暮《く》らす生物や海洋資源《しげん》を守ろうというものです。

ゴール 15 陸の豊《ゆた》かさも守ろう

ゴール15の目標の主なものは、陸の生態系《せいたいけい》を保護《ほご》し、森林の減少《げんしょう》を止め、砂漠化《さばくか》などの土地の荒廃《こうはい》を防《ふせ》ぎ、生物多様性《たようせい》を守ることです。

ロボットメンテナンスカウンセラー

ロボットは1960年代から産業用ロボットが開発され、自動車や電子部品の組み立てなどに使われています。現在《げんざい》は、介護《かいご》用、災害現場《さいがいげんば》用、接客《せっきゃく》用など工業分野ではない用途《ようと》に使われるロボットも研究・開発されています。それらはAI（人工知能《ちのう》）が組みこまれ、学習効果《こうか》により人類の知能と同等になる時期が来ると予測《よそく》されています。いつかロボット自身、人間相手に疲《つか》れてしまい、人間のカウンセリングを受けるようになるかもしれません。

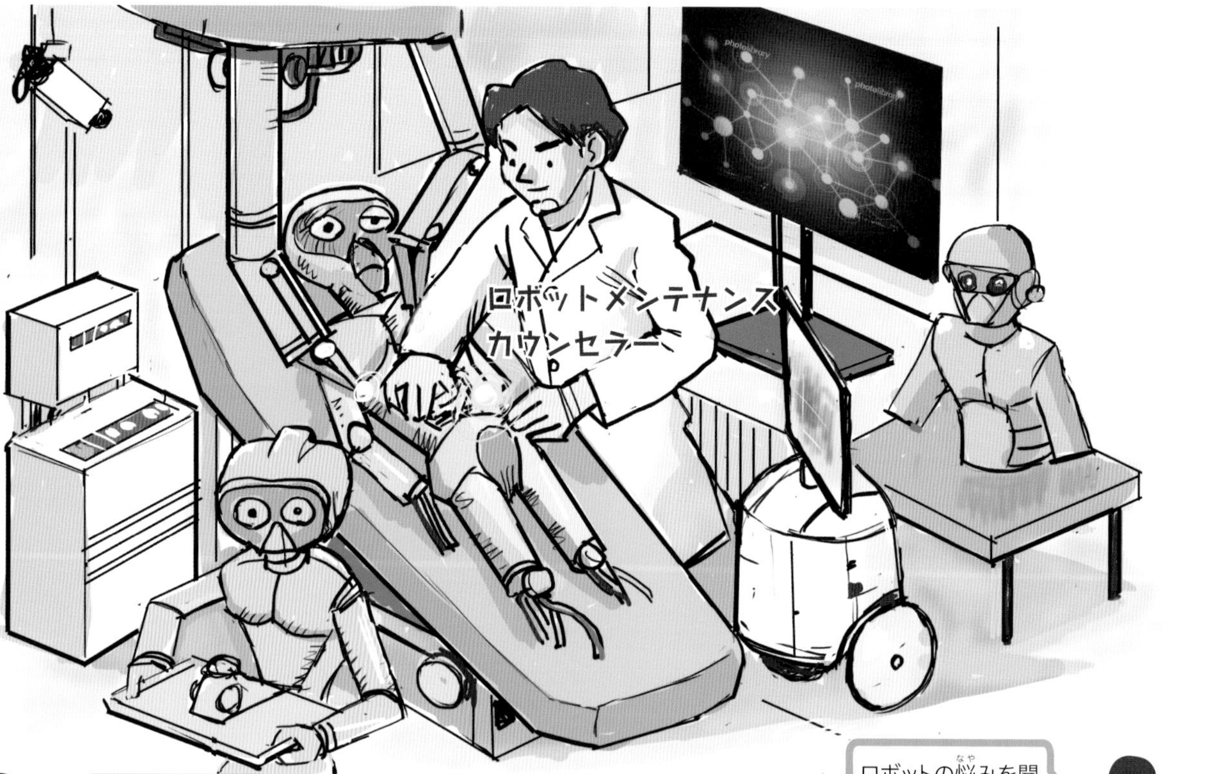

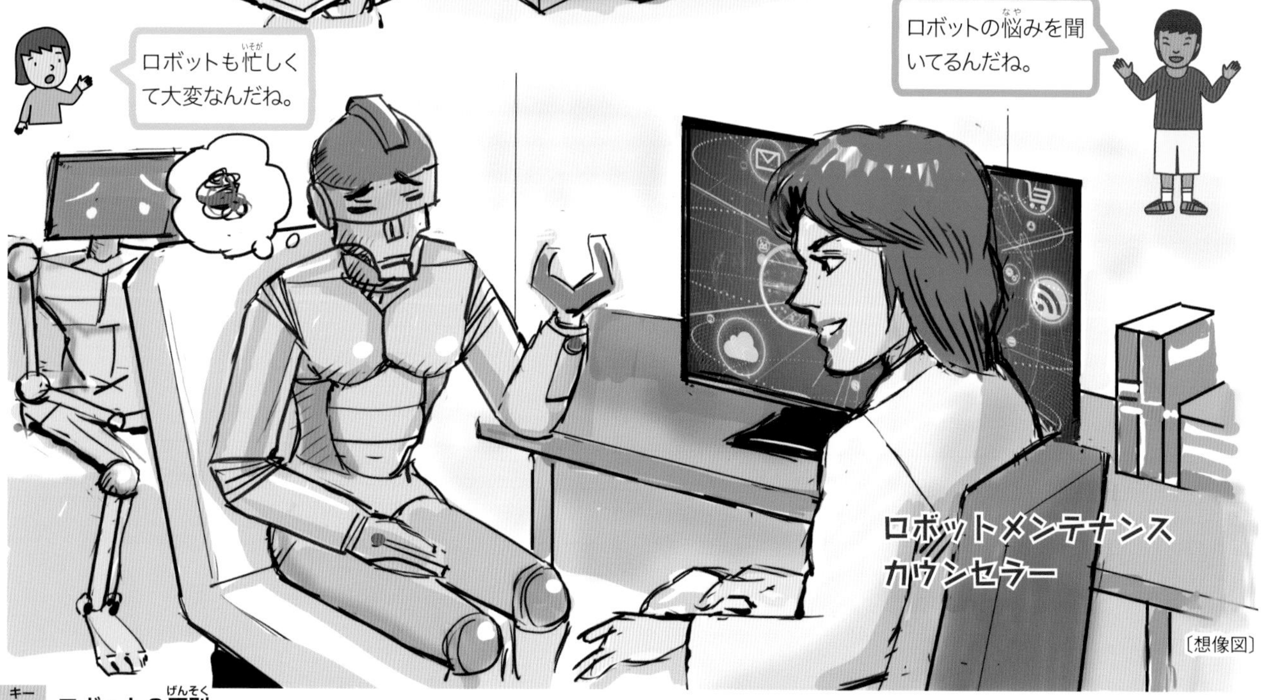

〔想像図〕

キーワード　ロボット3原則《げんそく》

「①人間への安全性《あんぜんせい》、②命令への服従《ふくじゅう》、③自己防衛《じこぼうえい》」を目的とする3つの原則《げんそく》。②の命令が①に反する場合は①が優先《ゆうせん》されます。③の自己防衛は①と②に違反《いはん》してはいけないとされています。アメリカのSF作家アイザック・アシモフが、1960年代に、この原則を提唱《ていしょう》し、この考え方は現在《げんざい》でも支持《しじ》されています。

天然素材《そざい》デザイナー

20世紀《せいき》に衣服の素材《そざい》は、それまでの植物性《しょくぶつせい》や動物性の天然素材から、ポリエステルやナイロン、アクリルといった安く大量生産できる化学繊維《せんい》に変わりました。しかし、化学繊維は石油や石炭からつくられ、洗濯《せんたく》すると大量のマイクロプラスチックを流出させます。現在《げんざい》、プラスチックごみは世界中で増《ふ》え続《つづ》け、大きな環境《かんきょう》問題です。天然素材は古くなってすてられても土に還《かえ》っていきます。天然素材デザイナーは、天然素材を世界中から見つけ出して、衣類に生かす仕事をします。

〔想像図〕

アップサイクルコーディネーター

アップサイクルコーディネーターは、ごみや不用品をすてたい、なんとかしたい人と、それらを利用したい人の間をつなぐ仕事です。アップサイクルとは、もとの製品《せいひん》や素材《そざい》よりも、価値《かち》の高いもの・違《ちが》うものを生み出すことです。この絵は、アップサイクルコーディネーターが、世の中から出てくるごみを調整して、ごみ再生《さいせい》アーティストに提供《ていきょう》している様子です。

ごみ再生アーティストは、資源《しげん》として価値のないもの、環境《かんきょう》問題を起こしているものなど、いろいろなごみ素材を生かした作品を生み出します。

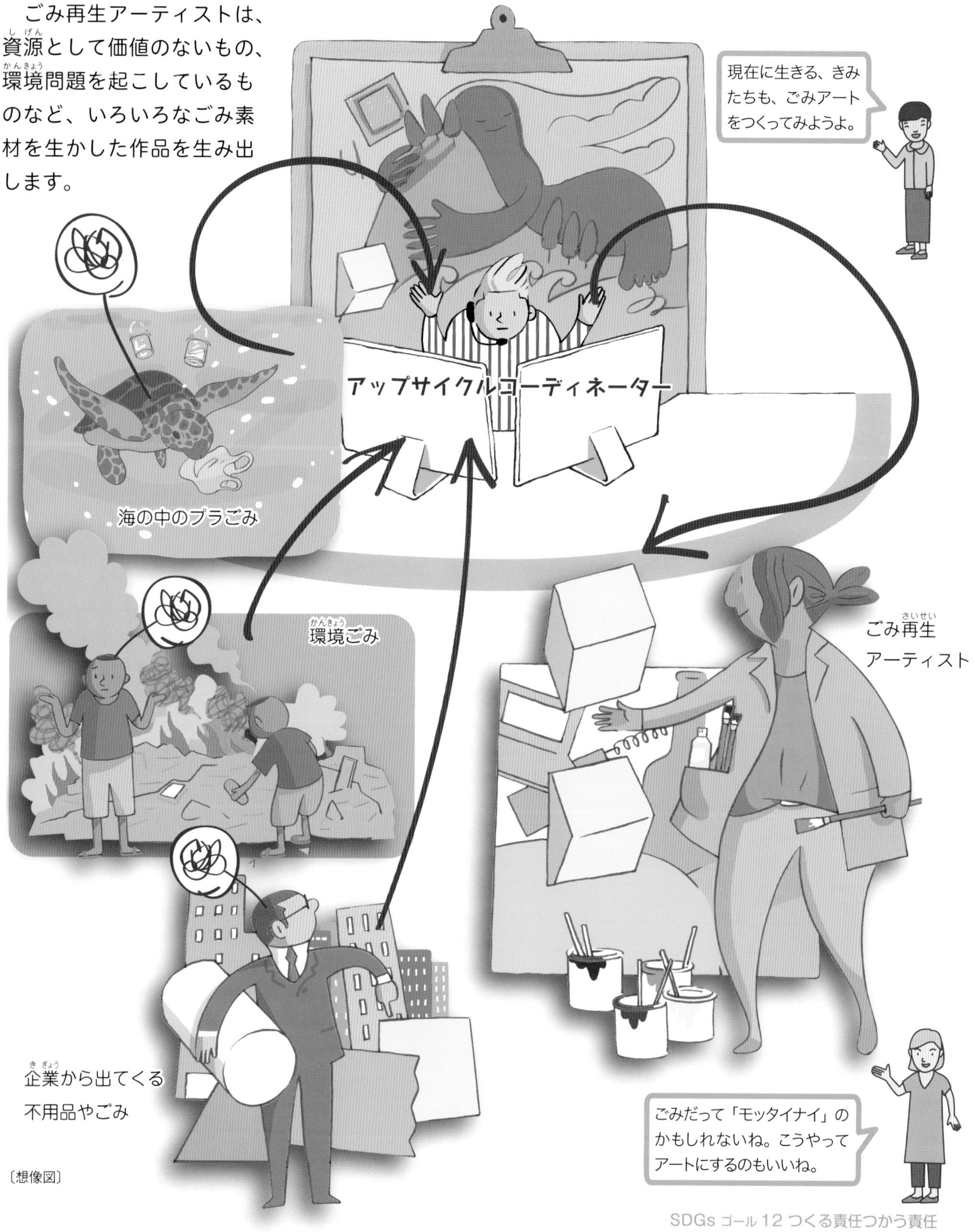

〔想像図〕

宇宙気候予測士《うちゅうきこうよそくし》

宇宙気候予測士《うちゅうきこうよそくし》は、太陽を中心とした宇宙気候を予測します。宇宙では、太陽の活動によって太陽風（プラズマ）やX線が発生して、人工衛星《えいせい》や飛行機などに障害《しょうがい》を引き起こすことがあります。また、自動車などの自動運転は人工衛星からのGPSを使うので、太陽の活動が事故《じこ》を引き起こすことも考えられます。宇宙旅行が一般化《いっぱんか》すると、旅行者は宇宙空間の放射線《ほうしゃせん》で被曝《ひばく》するかもしれません。各国・地域《ちいき》の宇宙気候予測士たちは常《つね》にデータを共有し、宇宙気候を人々《ひとびと》に知らせます。

太陽は、地球にとって、とっても大きな存在《そんざい》なんだね。

宇宙気候《うちゅうきこう》を調べることで、地球の気候変動がわかってくるようになるんだよ。

〔想像図〕

SDGs ゴール 13 気候変動に具体的な対策を

海洋掃除船《そうじせん》乗組員

現在《げんざい》、海の中はごみだらけとなっています。2050年には、海のプラスチックごみが、魚の総量《そうりょう》をこえると予測《よそく》されています。すぐにでも対策《たいさく》を立てなければいけません。そこで考えられたのが海洋掃除船《そうじせん》です。海洋掃除船は、海面や海中、海底にすてられたプラスチックごみを取りこんでいきます。

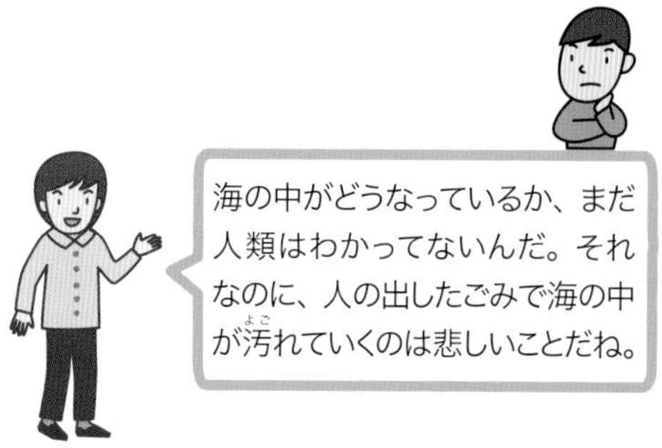

〔想像図〕

クジラ・イルカ語翻訳者《ほんやくしゃ》

クジラやイルカなどの海洋哺乳類《ほにゅうるい》の脳波《のうは》や鳴き声などを分析《ぶんせき》して、クジラやイルカの言葉を研究・翻訳《ほんやく》・通訳《つうやく》する仕事です。この絵は、海の中のプラスチックごみの危険《きけん》をクジラやイルカなど海洋哺乳類たちに教えています。

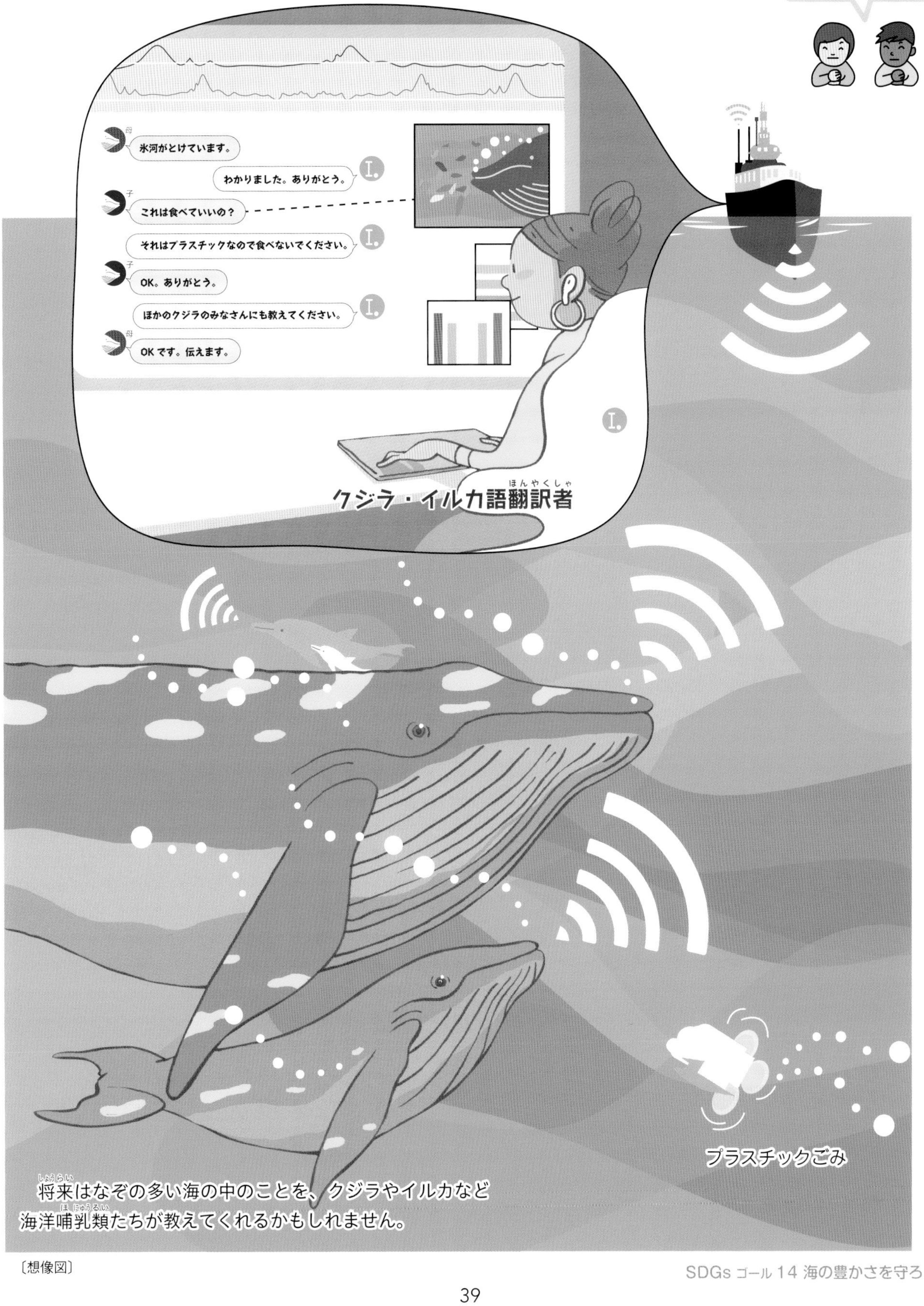

〔想像図〕

森林資源《しげん》コーディネーター

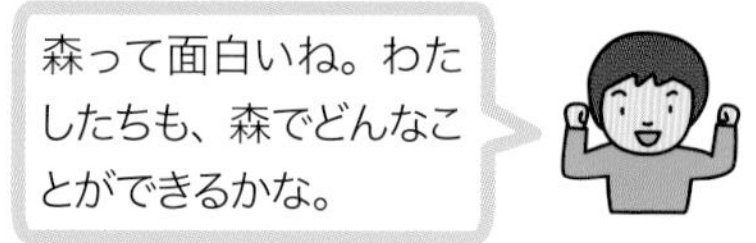

日本の森林面積は国土の67%をしめています。古くから山からの木材が利用されてきました。しかし第二次世界大戦後に価格《かかく》の安い輸入《ゆにゅう》木材が使われるようになり、適度《てきど》な間伐《かんばつ》が行われずに森林が荒廃《こうはい》していきました。現在《げんざい》は戦後に植林した木が育ち、利用できる木材の量が多くなっています。ただ、人手不足もあり伐採《ばっさい》がうまくいかないため、土砂崩《どしゃくず》れなどの環境《かんきょう》問題が起きています。

森林資源《しげん》コーディネーターは、森林の有効《ゆうこう》利用のために調査《ちょうさ》・提言《ていげん》を行う仕事をします。国有林は国の管理によりますが、森林の約7割《わり》は私有林《しゆうりん》です。森林資源コーディネーターは、民有林の持ち主にも山の生かし方のアドバイスをします。

〔想像図〕

生物生態系《せいたいけい》バランサー

自然の生態系《せいたいけい》のなかでは、多くの生物が互《たが》いにかかわりあいながら生きています。人類誕生後《じんるいたんじょうご》の歴史《れきし》のなかで、特定の生物が大発生したり、絶滅《ぜつめつ》したりするといったことはあまり起こっていませんでした。しかし、18世紀《せいき》後半に産業革命《かくめい》が起こり、他の生物に対して人類の力がとても大きくなりました。そのため近年は絶滅する生物があったり、逆《ぎゃく》に増《ふ》えすぎていたり、また地球温暖化《おんだんか》などがあり、地球上の生態系が崩《くず》れたりしています。環境破壊《かんきょうはかい》が進むと生物多様性《せいぶつたようせい》が失われていきます。生物生態系バランサーは、動植物の生態系の安定を保《たも》つための仕事をします。

〔想像図〕

自力生存《せいぞん》アドバイザー

現在《げんざい》は、度重なる災害《さいがい》や感染症《かんせんしょう》パンデミックが起きる時代となっています。そういうことが起こった際《さい》、国や地域《ちいき》の行政機関《ぎょうせいきかん》に頼《たよ》れなくなる場合があります。自力生存《せいぞん》アドバイザーは、災害の対処《たいしょ》のしかたを教え、家族を助けたり、一人でも何日間かは生き残ったりすることができるようにアドバイスします。絵のような生存アドバイスカーを使って地域を回り、生存の術《すべ》を教えます。

〔想像図〕

環境《かんきょう》銀行の銀行員

環境《かんきょう》銀行ができたら、利用してみたいなあ。

環境《かんきょう》銀行は、リサイクルごみを持参したり、エコ活動を行ったりしたときに、口座《こうざ》のお金が増《ふ》える銀行です。環境を守ることでお金が増えていくしくみです。この銀行の元手は、住民の環境税《ぜい》や二酸化炭《にさんかたん》素《そ》（CO_2）を排出《はいしゅつ》した企業《きぎょう》が払《はら》う事業税でまかなわれるため、将来《しょうらい》、二酸化炭素の排出がゼロになれば、また新たに環境銀行の元手を考えなければなりません。

現在《げんざい》、環境省《かんきょうしょう》が進めているエコアクションプログラムでは、会員になり、環境にやさしい商品の購入《こうにゅう》をしたりサービスを利用したりすると、全国共通のエコアクションポイントがもらえます。

エコ活動をして、お金がたまるなんて、よかったね。

〔想像図〕

キーワード エコ

エコロジー（ecology）の略《りゃく》で、生態学《せいたいがく》という意味です。生物の生活や環境《かんきょう》学との関係を表し、「環境にいい」という意味につなげています。さらに、エコノミー（economy）のエコも表しています。エコノミーとは経済《けいざい》のことです。環境と経済、どちらかだけが発展《はってん》しても社会の継続《けいぞく》はうまくいきません。

【資料《しりょう》】SDGs（持続可能《かのう》な開発目標）

2015年、国連で「持続可能《かのう》な開発のための2030アジェンダ」が採択《さいたく》されました。「アジェンダ」とは行動計画のこと。「2030アジェンダ」は、これまで国連が取り組んできた、環境《かんきょう》、貧困《ひんこん》、人権《じんけん》、開発、平和などの課題について、2030年までの解決《かいけつ》をめざして整理したものです。この「2030アジェンダ」のなかで、各分野の目標を具体的に定めたのが、「SDGs（Sustainable Development Goals）」=「持続可能な開発目標」です。

SDGsは、17の「ゴール（大目標）」と169の「ターゲット（小目標）」からなっています。ゴールの1から15は「社会」「経済《けいざい》」「環境」の3分野の課題、ゴールの16と17は分野を横断《おうだん》する課題です。

「2030アジェンダ」は国際条約《こくさいじょうやく》ではないので、罰則《ばっそく》や強制力《きょうせいりょく》はありませんが、国連に加盟《かめい》するすべての国が全会一致《いっち》で決議した宣言《せんげん》です。

第3巻《だいかん》は、SDGsのゴール12からゴール15までにかかわる仕事を取り上げました。12から15までのゴールの内容《ないよう》は次のとおりです。

ゴール12　つくる責任《せきにん》つかう責任

【主なターゲット】

ターゲット12.2　2030年までに天然資源《しげん》の持続可《か》能《のう》な管理や効率的《こうりつてき》な利用を達成する。

ターゲット12.5　2030年までに廃棄物《はいきぶつ》の発生防止《ぼうし》、削減《さくげん》、リサイクルや再利用《さいりよう》により、廃棄物の発生を大幅《おおはば》に減《へ》らす。

今後のわたしたちの暮《く》らしが快適《かいてき》なものになるか悲惨《ひさん》なものになるかは、地球環境《かんきょう》がどうなっていくかにかかっています。

18世紀《せいき》後半に始まった産業革命《かくめい》以後、わたしたちの社会は、石炭・石油・鉱物《こうぶつ》・植物・生物・水その他の天然資源《しげん》を際限《さいげん》なく利用して、モノ（食料を含《ふく》む）を大量に生産し大量に消費《しょうひ》してきました。そのため現在《げんざい》の地球は、自然が汚染《おせん》され破壊《はかい》されただけでなく、温暖化《おんだんか》によって生活が困《こん》難《なん》になるほどの気候危機《きき》をむかえています。

ゴール12の目標は、地球環境がこれ以上悪化することを抑《おさ》えるために、モノの生産に資源を使《つか》い過《す》ぎることをやめよう、豊《ゆた》かさや便利さを追い求めてモノを大量消費し大量廃棄《はいき》することをやめようというものです。各国政府《せいふ》や大企業《だいきぎょう》・多国籍《たこくせき》企業《きぎょう》などに持続可能《かのう》な生産と消費の形をつくり出すことを求めるとともに、わたしたちは自然と調和したライフスタイルをつくり出すことが求められています。

ゴール13　気候変動に具体的な対策《たいさく》を

【主なターゲット】

ターゲット13.1　すべての国で、気候変動によって起きた災害《さいがい》や自然災害に対して、回復力《かいふくりょく》や適応《てきおう》力を強める。

ターゲット13.a　気候変動に対処《たいしょ》し途上国《とじょうこく》の気候変動対策《たいさく》を支援《しえん》するために、「国連気候変動枠組条《わくぐみじょう》約《やく》」を結んだ先進国はすみやかに緑の気候基金《ききん》を実行に移《うつ》す。

いま世界中で大雨、洪水《こうずい》、台風、ハリケーン、山火事、干《かん》ばつ、熱波、寒波など、気象災害《きしょうさいがい》が多発しています。これまでにないような大型《おおがた》の気象災害が増《ふ》えてきた原因《げんいん》は、地球温暖化《おんだんか》が引き起こしている気候変動にあります。気象災害によって最も大きな人的被害《ひがい》・経済的《けいざいてき》被害を受けているのは、アフリカ、東南アジア・南アジア、中央アメリカ・南アメリカの開発途上国《かいはつとじょうこく》です。

地球温暖化は、人間社会が二酸化炭素《にさんかたんそ》（CO_2）・メタンなどの温室効果《おんしつこうか》ガスを排出《はいしゅつ》し続けてきたことによって起きています。温室効果ガスの排出をすぐに止めないと地球の平均《へいきん》気温は今後も上昇《じょうしょう》を続けます。気候変動が続くと、海面上昇や食糧《しょくりょう》危《き》機《き》といったさらに大きな災害をもたらすことになるのです。

ゴール13は、急激《きゅうげき》に増加《ぞうか》してきた気象災害に対して緊急《きんきゅう》に強力な対策《たいさく》を講《こう》じることと、国連気候変動枠組条約《わくぐみじょうやく》で約束した地球温暖化防止策《ぼうしさく》の実行を世界各国に求めています。

ゴール14　海の豊《ゆた》かさを守ろう

【主なターゲット】

ターゲット14.1　2025年までに海中のごみや海の富栄養化《ふえいようか》など、陸からもたらされる海の汚染《おせん》を大《おお》幅《はば》に削減《さくげん》する。

ターゲット14.4　水産資源《しげん》を持続可能《かのう》な生産量まで回復《かいふく》させるために、2020年までに漁業の乱獲《らんかく》や違法操業《いほうそうぎょう》をなくす。

ゴール14の目標は、その利用を持続可能《かのう》なものとするためにも、海の環境《かんきょう》とそこに暮《く》らす生物や海洋資源《しげん》を守ろうというものです。

地球の表面積の約7割《わり》を占《し》めている海には、濃《のう》度《ど》の高まった大気中の二酸化炭素《にさんかたんそ》を吸収《きゅうしゅう》して、地球温暖化《おんだんか》の進行をやわらげてくれる大事な役割《やくわり》があります。その海が、わたしたちの暮らしによって汚染《おせん》され続けています。

汚染の原因《げんいん》となっているのは、薬剤《やくざい》を含《ふく》んだ農業排水《はいすい》や工業排水、油や洗剤《せんざい》などの混《ま》じった生活排水、そして大量に投棄《とうき》されるごみなどです。最近はすてられたプラスチック製品《せいひん》が海に流れこんで海洋生物にダメージを与《あた》えていることや、微細《びさい》にくだけたマイクロプラスチックによる汚染も問題になっています。

日本人の食事は魚・貝・海草などの海産物ぬきには考えられませんが、同じように世界の約4割の人の暮らしが海に支《ささ》えられているといいます。しかしいま、陸上からの廃棄物《はいきぶつ》による海洋水質汚《すいしつお》染《せん》、気候変動による海水温の上昇《じょうしょう》、漁法の進歩や乱獲《らんかく》、いくつもの原因が重なって多数の海洋生物に絶滅《ぜつめつ》の危機《きき》が心配されているのです。

ゴール15　陸の豊《ゆた》かさも守ろう

【主なターゲット】

ターゲット15.2　2020年までに、持続可能《かのう》な森林経営《けいえい》を促進《そくしん》し、森林減少《げんしょう》をくい止め、森林を回復《かいふく》させ、植林を大幅《おおはば》に増《ふ》やす。

ターゲット15.5　自然のなかの生息地を保護《ほご》することで生物の多様性《たようせい》を守り、2020年までに有効《ゆうこう》な対策《たいさく》を講《こう》じて、絶滅危惧種《ぜつめつきぐしゅ》を保護し種の絶滅を防《ぼう》止《し》する。

森林は、光合成をすることによって大気中に酸《さん》素《そ》を供給《きょうきゅう》しています。そのため森林は、地球上のすべての生き物にとって欠かせない存在《そんざい》です。また森林は生き物に必要な水を貯《たくわ》える役割《やくわり》もあり、多くの生き物が生息する場所となっています。しかし現在《げんざい》森林は、わたしたちが経済《けいざい》活動として行う伐採《ばっさい》によって、その面積を減《へ》らしつつあります。森林の減少《げんしょう》や荒廃《こうはい》は生物種を絶滅《ぜつめつ》に導《みちび》き、生態系《せいたいけい》や生物多様性《せいぶつたようせい》の破壊《はかい》を招《まね》いています。

一方、わたしたちは食料の約8割《わり》を農業生産にたよっていますが、気候変動の影響《えいきょう》による大雨、洪水《こうずい》、熱波、干《かん》ばつなどに見舞《みま》われて、その耕作《こうさく》地《ち》も劣化《れっか》する面積を増《ふ》やしています。耕作地の減少や劣化は、人口を急増《きゅうぞう》させている世界に食糧《しょくりょう》不足問題を引き起こすことになります。

ゴール15の目標は、森林の減少にストップをかけて、陸の生態系と生物の多様性を保護《ほご》すると同時に、干ばつによる砂漠化《さばくか》や洪水による荒廃《こうはい》などから耕作地を守ることです。

さくいん

あ

か

さ

著者：SDGsを実現する2030年の仕事未来図編集委員会

装幀
村口敬太（Linon）

装画
阿部行夫

本文デザイン
Noside

イラスト・漫画・図版
板垣真誠　Yamamoto Yukiko　松島りつこ　yuyuja

執筆・構成
市川はるみ　西戸山学　すずきしのぶ　長谷川清

企画・編集・制作
キックオフプラス（代表 小松亮一）

写真提供
カバー・表紙・本扉
表1：ジーエルイー合同会社（上）、はたらく馬協会（一般社団法人馬搬振興会）（下）
表4：大山修一（左）、PIXTA（中央）、KickoffPlus（右）
本扉：PIXTA

SDGsを実現する2030年の仕事未来図
❸地球環境を守る仕事

2021年12月　初版第1刷発行
著　者　SDGsを実現する2030年の仕事未来図編集委員会
発行者　水谷泰三
発行所　株式会社**文溪堂**

〒112-8635　東京都文京区大塚3-16-12
TEL　営業（03）5976-1515　編集（03）5976-1511
ホームページ　https://www.bunkei.co.jp

印刷・製本　図書印刷株式会社

ISBN978-4-7999-0426-8 NDC360 48p 293 × 215mm